小学校

新卒からの3年間を華麗に乗り切る仕事術

華麗に

JN039863

柴田 大翔 著

明治図書

まえがき

　本書を手に取っていただき，ありがとうございます。

　本書は，今春から教師として現場で働かれる方，将来的に教師を目指されている学生の方，教師歴3年目までの方に向けて，「安定した学級経営をするためのアイデアや考え方」「職場の先輩や同僚と上手につきあっていく方法」「効率的で生産性を高める教師としての働き方」を具体的にお伝えする本です。

　最初に私の自己紹介を少しさせてください。私は大阪府で公立小学校教師をしている柴田大翔と申します。現場のイチ教師として働く一方で，InstagramやVoicyなど各種SNSを通じて，毎日欠かさず情報発信も行っており，SNSでは，「ギガ先生」として活動しております。

　ありがたいことにSNSの総フォロワー数は約2万人。本当に多くの方に情報をお届けすることができています。

　さて，この本を書こうと思った理由ですが，一言でいうと，ずばり「教師の仕事の楽しさを伝えたい」からです。

　私自身，初任から3年目の頃は，毎月の平均残業時間が120時間超え，多いときは140時間残業している月もありました。（ちなみに今の毎月の平均残業時間は，働き方を学んだことで，10時間以内と激減しております）

超絶残業をしていた若手の頃は確かに大変でしたが，学んだことがあります。それは，次の３つです。

　①スタンダードな授業＆ICTを活用した授業の行い方
　②安定した学級経営をする様々なアイデア
　③教師として欠いてはいけない大切な軸の在り方

　この３つは，転勤先の学校でも，いずれも通用しており，本当に学んでおいてよかったと確信しています。
　つまり，あの頃，私に足りなかったのは「効率的な働き方」です。働き方を学んでいたら，今よりもさらに教師としての仕事が充実していただろうし，子どもたちをもっと成長させてあげられたのになと痛感しています。

　この本は，私が11年間の教師歴で学んだ様々な学級経営のアイデアや授業の組み立て方，効率的な働き方など……存分にまとめております。
　つまり，この１冊に教師の仕事を充実させるために必要なことが，ほとんど網羅されており，いわゆるバイブル？　トリセツ？　みたいなものです。

　この本を読み終えた後，「教師の仕事って楽しいかもな。よし！　頑張ってみようかな！」そう思っていただけることを切実に願っています。

柴田大翔

目次

まえがき

1章　緊張の0年目
事前準備で差がつく

2章　勢いの1年目
丁寧さと大胆さで乗り切る

事前準備

学級経営

授業

学校行事

3章　飛躍の2年目
アレンジが成長を促す

学校行事

校務

4章 チャレンジの3年目
様々な活動を充実させる

1章

緊張の0年目

事前準備で差がつく

第０印象は校内で共有される

　間もなく教師生活の第一歩をスタートするみなさん。これから始まる教師という仕事に，わくわくしている方もいれば，ちょっぴり不安という方もいることでしょう。

　そして，その教師生活は４月１日からスタートすると思っていませんか。実は勤務地の自治体によっては３月末の時点で，４月から勤務する学校から電話が入ります。しかも，その電話はいつかかってくるかわかりません。

　「○○小学校の教頭の〜です。あなたは４月から○○小学校で勤務することになりました。急ですが本日，我が校に来ていただけますか。新年度についてのお話と手続きをしますので，△時に学校へ来てくださいね」

　このような感じで唐突に電話がかかってきます。ちなみに，この電話は私の実体験です。もちろん断るわけにはいきませんので，行くという選択肢しかありません。

　当時の私は正直なところ，気持ちはまだ大学生なので，「えっ‼　今から⁉　てっきり４月からスタートするものだと……」と内心思っていました。

　ですが，安心してください。みなさんはラッキーです。私の失敗談を存分に伝えますので，その失敗談をもとに，**しっかり準備**をして臨むことができます。

私が３月末に勤務校へ挨拶に行くときに必要だったことをToDoリストにしてご紹介します。自治体によって多少異なるかもしれませんが，基本的には同じです。

　すでに勤務校に在籍している先生方は「どんな先生が来るのだろう？」と様子を見ています。そして，その様子は**校内で共有**されます。これから勤務を共にする先生方と，この時点で出会ってはいないですが，**第０印象はよくしておいた方が吉**です。ぜひ，第０印象をよくするためのToDoリストを参考にしてみてください。

□クリーニング済みのスーツ一式
　（シワ・汚れがないもの）
□髪型は清潔感があるもの
□バッグは派手すぎないリクルート用がベター
□男性は髭を剃る。女性のメイクはナチュラルに
□校内で履くシューズ（４月からも使える）
□メモ帳とボールペン（必要事項をメモするため）
□銀行印（給与振込の手続きで必要）
□笑顔で挨拶（爽やかな挨拶はとっても好印象）
□謙虚な姿勢
　（最初からできますアピールは悪印象）
□通勤経路の確認（交通費の支給に必要）
□遅刻は厳禁（予定より早めの到着をめざす）
□勤務校に指定された銀行口座がわかるもの
□トートバッグ（もらう資料を入れるため）

教師の必需アイテムを揃えよう

　みなさんは教師が1日にどんなスケジュールで仕事をしているか知っていますか？

　「授業をしたり，休み時間に子どもと遊んだり，子どもといっしょに給食を食べたり，放課後は会議をしたり……」というように，みなさんの小学校・中学校時代の生活経験や教育実習やインターンシップ等の経験からなんとなくイメージはあるのではないでしょうか。

　では，それらのことを先生が行っていたとき，**どんな道具を使っていましたか？　どんな服装をしていましたか？**一度，思い浮かべてみてください。

　「連絡帳をチェックするためのハンコが必要だな」「体育のときは運動するから着替えのジャージを用意しないといけないな」など，用意するものはけっこうあります。このように道具を揃えるときには，その活動を行っている教師の姿や子どもの姿を思い浮かべることが大切です。

　次のページに新年度を迎えるにあたって，最低限，**用意しておいた方がよい教師の必需アイテムリスト**をのせました。これらの必需アイテムを用意しておくことで，新年度の困り感が少なからず軽減されるはずです。3月中に用意することをおすすめします。

【身だしなみ関係】

☐ ジャージ上下，シューズ２種類（屋外用と屋内用）

☐ 真っ白なネクタイ（入学式や卒業式で着用）

【授業や学習関係】

☐ ハンコ（連絡帳や提出物チェックなどに使用する）

☐ 付箋

（メモ書きや宿題のやり直し部分を示すのに便利）

☐ ボールペン

☐ フェルトペン

☐ マグネット

（掲示物の貼りつけやテスト採点時に使用）

☐ ゼムクリップや目玉クリップ

☐ 文房具

（のり，はさみ，ホチキス，定規，テープ類）

☐ 給食用のエプロンとナプキン

☐ 色鉛筆セット

☐ 提出物を出す用のカゴ（Ａ３サイズがおすすめ）

【校務・事務関係】

☐ 押印用のゴムマット

☐ 朱肉（赤と黒の２種類ある方がおすすめ）

☐ ハンコセット

☐ クリアファイル（書類整理に必要）

何か１つ特技を磨いておく

　突然ですが，人前でできる特技はありますか？　私には，いくつか特技があります。（周りの人に特技を紹介すると，意外だなと驚かれることがあります）

　例えば，私の場合だと，

・ボール３つでジャグリング

・トランプマジック

・けん玉

・こま回し

・サッカーのリフティング

・百人一首の全暗記

といった特技があります。ですが，特技といってもどれもプロ並みにうまいというわけではありません。プロレベルまで極めていたら，きっと教師にならず，別の道に進んでいたと思います。

　どれくらいのレベルの特技ができたらよいかというと，**平均レベル程度でよい**のです。ギターで少し演奏したり，こまやけん玉で簡単な技を見せたりできればオッケーです。

　この**特技を１つをもっているかいないかで，子どもへのファーストインパクトは大きく変化**します。

　では特技ができたとして，その特技をいったいいつ使う

んだ？　と思っていることでしょう。

　この特技を使うのは，子どもとの出会いの日，ずばり，**あなたがこれから受け持つクラスの学級開きの日**です。

　新しい教室で，これから受け持つ子どもたちを目の前にしたとき，自己紹介をしますよね。これから２つの自己紹介の例を挙げます。子ども目線で考えたとき，どちらの自己紹介の方が子どもは喜ぶでしょうか？

【A先生の自己紹介】

　「先生は特技があって，トランプマジックが得意ですよ」（ただ，特技を口頭で伝えるだけ）

【B先生の自己紹介】

　「実は先生，トランプマジックが得意なんだ。ちょっと今からみんなの前でやろうと思うんだけど，見てみたい？」（トランプマジックを披露して成功する）「おおー!!」（子どもの反応）

　さあ，いかがでしょうか。みなさんが子どもならどちらの先生の方が印象に残りますか。B先生の方が子どもにとってインパクトが大きいのは一目瞭然だと思います。あなたの特技で，**子どもの心をグッとつかむチャンス**です。新年度がスタートするまでに，自分の特技を磨く時間をつくってみるのはどうでしょうか。

育てたい子ども像を
書き出しておく

　みなさんは，これから学級を受け持ったとき，担任する子どもたちにどんな風に育ってほしいと願っていますか。また，どのような力を身につけてほしいと願っていますか。

　「友達に優しくできる子ども」「ありがとうを大切にできる子ども」「自分で進んで学習できる子ども」など……。人によって育てたい子ども像は異なります。ですが，それでいいんです。いろいろな子ども像をもった教師が1年かけて子どもたちを育み，また，翌年は新たな教師が1年かけて子どもを育てていく。

　こうやって，**いろいろな価値観をもつ教師と出会うことで，子どもは成長していく**のです。

　話を戻します。あなたの育てたい子ども像が決まったとして，そのような子どもに育てるために，普段どのようなアプローチ（子どもへの関わり）をしますか。

　例えば，「ありがとうを言える子ども」に育てたいのなら，クラスでありがとうを日常的に言える機会をつくる必要がありますよね。願っているばかりでは，子どもは育ちません。**具体的なアプローチを日頃からコツコツ行うこと**で，少しずつ子どもたちが，あなたの育てたい子ども像に近づいていくのです。

下の画像を見てください。これは，私が毎年３月につくっている「育てたい子ども像と具体的なアプローチの仕方」について書き出したものです。書き方や形式を決める必要はありませんが，ぜひ，あなたの育てたい子ども像を書き出してみましょう。

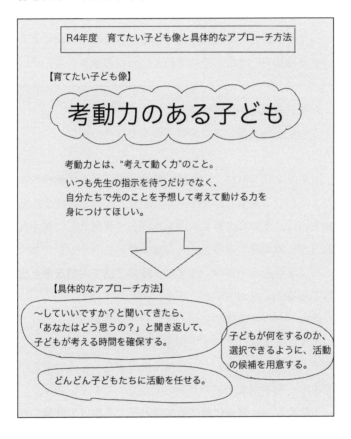

R4年度　育てたい子ども像と具体的なアプローチ方法

【育てたい子ども像】

考動力のある子ども

考動力とは、"考えて動く力"のこと。
いつも先生の指示を待つだけでなく、
自分たちで先のことを予想して考えて動ける力を
身につけてほしい。

【具体的なアプローチ方法】

〜していいですか？と聞いてきたら、
「あなたはどう思うの？」と聞き返して、
子どもが考える時間を確保する。

子どもが何をするのか、選択できるように、活動の候補を用意する。

どんどん子どもたちに活動を任せる。

挨拶は２パターン決めて
用意しておく

4月，新しい学校に配属されると，みなさんは必ず
2回挨拶をします。その2回とは，次の通りです。

・教職員の方々への挨拶
・これから受け持つクラスの子どもたちへの挨拶

ベテランになれば，その場で臨機応変に考えて挨拶でき
るようになるかもしれません。ですが，この本を読まれて
いるのは，主にこの春に大学を卒業して教師として働かれ
る方から教職経験3年目くらいまでの先生方かと思います。
そのような先生方には，まずは，**挨拶で話す内容を書き出
してみる**ことをおすすめします。

次のページには挨拶で伝えておくべき基本例文をのせて
います。まずは，この基本例文にそって挨拶文をつくって
みましょう。もちろん，ご自身で挨拶文をつくるのもよい
ですし，基本例文をアレンジしてつくってもよいです。

当然ながら，**挨拶は教職員向けと子ども向けで言葉づか
いが変わります**。特に教職員に向けた挨拶は社会人として
恥ずかしくないような言葉づかいにしましょう。

このページには，教職員向けの挨拶と，子ども向けの挨拶の基本例文をのせています。「どんな挨拶をすればよいのかな？」「挨拶の見本を知りたいな」と思っている方は，ぜひ参考にしてみてください。

【教職員向けの挨拶例】

　「おはようございます。この春から○○小学校でお世話になることになりました△△です。この学校で働ける日をとても楽しみにしておりました。わからないこともあり，ご迷惑をおかけすることもありますが，精一杯頑張りますので，これからどうぞよろしくお願いいたします」

【子ども向けの挨拶例】

　「はじめまして。先生の名前は，△△といいます。先生はこのクラスの一人ひとりがとっても成長できるクラスになってほしいなと思っています。そのために，失敗を恐れず，どんどんチャレンジしてほしいです。みなさんの成長を先生は誰よりも応援しています。いっしょに頑張りましょう！」

　挨拶のポイントは，教職員向けに挨拶する場合は，「①やる気を伝える　②謙虚に」この２つです。
　子ども向けの挨拶の場合は，「①楽しく　②教師の願いを伝える」この２つです。

2章

勢いの1年目

丁寧さと大胆さで乗り切る

誠実で爽やかな挨拶を心がける

いよいよ4月。新年度がスタートします。さきほどの項目で考えた教職員向けの挨拶をいよいよします。

ところで，みなさんは，初頭効果というものを耳にしたことはありますか。初頭効果とは，初めに得た情報が後のことに影響を及ぼす現象のことです。

人の第一印象は3〜5秒で決まるとされています。つまり，最初の挨拶次第で，あなたの印象がよくも悪くも左右されます。

私の経験上，第一印象がよければ，校内の先生方は必ず助けてくれますし，かわいがってくれます。10年たった今でも，1年目の頃に私がお世話になった先生との親交が続いています。

そう考えると，この最初の挨拶はとても大事にしないといけないことをわかっていただけたでしょう。次のページに，第一印象をよくする挨拶の3ステップについてまとめました。この3ステップを守っておけば，まず第一印象は大丈夫です。また，長々と話しすぎるのは嫌がられるのでNGです。気をつけましょう。

それでは，**第一印象をよくする挨拶の3ステップ**をお伝えします。これから勤務する学校でたくさんの先生方に力を貸してもらうためにも，すてきな挨拶ができることを祈っております。

・上向きの声で挨拶をしましょう
・口角を上げて笑顔で挨拶をしましょう
・謙虚に学ぶ姿勢を大事にしましょう

OK　↗おはようございます！

NG　↘おはようございます！

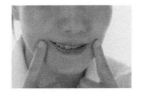

口角を上げて笑顔で！

謙虚に学ぶ姿勢を！
例：たくさん学ばせてください。
　　よろしくお願いします！

とにかくメモをとって
聞きまくれ！

　今から約10年前の４月。新任として配属された新しい学校での最初の職員会議の日。職員会議で先生方が話されている内容がまったくわからず，すべて暗号のように聞こえました。また，職員会議で配布された案件も，何のことかわからず，暗号に見えました。10年たった今でも，４月初日のあの日のことは鮮明に覚えています。

　当然のことながら，新任の先生方に配慮したゆったりと易しい会議はしてもらえません。ただでさえ忙しい新年度のスタートの日。会議の後は学級開きの準備や校務分掌の仕事など，こなしていかなければならない仕事が山のようにあります。

　ですが，聞いてくれるとうれしいものですし，教えてあげたくなります。だから，**わからないことはひたすら聞きまくりましょう。**そして，**聞いたことは逐一メモをとる**ようにしましょう。

　次のページに，何を聞けばよいのか，メモする内容のポイントをまとめています。私の教師生活がスタートした日に書いたメモリストを参考にしています。今，思い返すと「こんなこと当たり前だ」と思うことばかりですが，当時の私にとっては超重要だったのです。

下記に記載しているのは，新任の先生向けにつくったメモするときのポイントです。新任の先生は「わからないことを質問する」以前に，「そもそも何を聞けばよいのかがわからない」ということが多いのではないでしょうか。

　1日前の3月31日まで学生だったのが，たった1日たつだけで，社会人へと変わるのです。右も左もわからない場所に突如送り込まれるのです。だから，何を聞けばよいのかがわからないのも無理はないのです。そんな新任の先生のために，どんなことを聞けばよいのか一例をまとめました。超基本的なことばかりですが，誰もが通る道です。恥ずかしいと思わず聞いてみましょう。

・職員会議の案件で自分の名前が書いてある箇所は「誰と何を・どのような仕事をすればよいか」を聞く

・学級担任を受け持つことが決まっているのなら，まずは何からすればよいのかを聞く

・印刷機やラミネーターの使い方，教室の場所などを聞く

・教材はどのような基準で選ぶのか，また，選んだ教材を購入する方法を聞く

・文房具はどこで補充したらよいのかを聞く

・昼食は何時になったら食べてよいのかを聞く

・朝，勤務校について必ずするべきことは何かを聞く

最初は同じ学年の先生の仕事を真似すればよい

　今春に大学を卒業する方や，転職した先生方は，4月1日の新年度を迎えてから，始業式を迎えるまでの仕事内容についてまったく想像がつかないのではないでしょうか。

　教師は始業式を迎えるまでの間に，とんでもない量の仕事をさばく必要があります。しかも，常に自分の学級の仕事に時間を使えるわけではありません。職員会議や校務分掌などの仕事も新年度は特に多いです。

　数年間，教師という仕事を続けてきた方は，新年度にどのような仕事をどのような優先順位で終わらせていけばよいのか，また，どの仕事にどれだけ力を注げばよいのかが把握できているため，多少のアドバンテージがあります。

　しかし，おそらく今，この本やこの項目を読まれているのはこの春から新任教師として働く方が多いのではないでしょうか。アドバンテージや経験がないみなさんにとってこの時期大切なことは，**とにかく仕事を覚えること**，そして，**次々に仕事をさばくこと**です。

　そのために，まずは同じ学年の先生の仕事をイチから真似させていただきましょう。真似ることは決していけないことではありません。守破離の守のように，まずは先輩教師の仕事の様子を見て，**仕事の型を覚えましょう。**

次の図は新年度のイメージ図です。これから教師生活を
スタートするみなさんは，まずは **Better** のイメージ図
をめざしましょう。

【Better な新年度イメージ図】

新任教師が，仕事を覚えられ，学級や校務の基礎も覚え
ることができます。

【Worse な新年度イメージ図】

仕事内容やルールを理解せずに進めると，先輩教師に迷
惑をかけることがあります。また，仕事の内容によっては
取り返しのつかないことになることも……。

新年度準備リスト一覧表を
特別に公開！

　新年度にどのような仕事を行うのかを知っているのと知らないのとでは大きな差があります。そこで，新年度の**学級開きまでの仕事の準備リスト**を用意しました。学校によって，やるべき仕事の種類に多少の違いはありますが，ほとんど同じです。少しでも早く仕事をさばけるようにご活用ください。

【学級事務の準備リスト】

□新学級の指導要録の振り分け

□学級名簿の作成

□４月号の学年だより作成

□児童調査票や保健調査票，家庭連絡カードの作成

□教材選定及び選定した教材の購入

□遠足の下見の準備（前年度のデータを確認）

【学級開きまでの準備リスト】

□靴箱や傘立ての番号シール作成と貼りつけ

□掃除用具の点検（ほうき，ちりとり，雑巾など）

□給食当番表の作成

□掃除当番表の作成（清掃箇所を確認後）

□教室に運ぶ自分の荷物整理

□教室の掃除（床や窓，机などをきれいにしておく）

□最初の座席表の準備

□1学期の時間割の作成と印刷

□教室の備品の点検と補充

　（チョークや大定規，指導書など）

□学級で必要なルール関係の掲示物

　（給食や掃除のルール）

□子どもとの出会い日の黒板メッセージ

□1人1当番表の作成

□子どもの貸し出しセットの準備

　（各文房具やノート類等）

□子どもの顔と名前を覚える（できればやっておく）

□学級開きから3日間の予定作成

□始業式に配布する手紙をまとめる

　（配布物が多いため）

□育てたい子ども像を考えておく

□ICT関連の機材の使用チェック

□防災グッズや救急グッズの点検

□各教科の授業開きを考えておく

□気になる子どもの引き継ぎ

　（前担任や養護教諭に聞く）

□日直の司会進行カードの作成

【校務分掌の準備リスト】

□担当分掌の案件作成と提案

□担当分掌の前年度までのデータ引き継ぎ

机上整理がとにかく大切

　新年度はとにかく配布物が多いです。例えば，会議の案件資料（今はペーパーレスを推奨している学校も多いです），校務分掌の引き継ぎファイル，保健関係の書類，年度はじめに配る家庭への配布物，学級に掲示しておく必要のある学校のルール関係のポスター，回覧板など……。本当に数え出したらきりがないほど，配布物があります。

　しかも，これらの大量の配布物は1日で配られます（ちなみにこれだけたくさん配られるのは新年度くらいです）。つまり，どんどん処理していかないと，まるでぷよぷよやテトリスでゲームオーバーになりかけのときのように，山積みになっていきます。

　そうならないために，常に机上整理を心がけましょう。私の経験上，**机上にものが散乱していると，仕事の起動性は確実にダウンします**。パソコンのデスクトップだって，たくさんのファイルがまとめられておらず，デスクトップ上に散乱していたら，探しものを見つけるのに時間がかかって，うまく仕事が進みませんよね。

　ですから，机上にはものをためないのが鉄則です。**必ず机上をきれいにしてから帰ることを日常的にルーティン化**してしまいましょう。

下の写真は，私の日常的な職員室の机上の写真です。退勤前には必ず机上を写真のような状態に片づけてから帰宅するようにします。(ときには机を拭くこともあります)

　机上整理をしておくことは，仕事の起動スピードを大幅にアップさせること以外にも２つのメリットがあります。

・**大事な書類などを紛失する可能性が非常に低くなる**
・**机上整理できていると，人からの信頼度がアップする**

　机上が散乱していると，重要書類を紛失してしまう可能性があります。大事な書類を紛失すると，信頼度は下がりますよね。一方，普段から机上整理をしておくことで，「この先生は普段からきっちりしている人だ」と，よい印象を与えることができます。

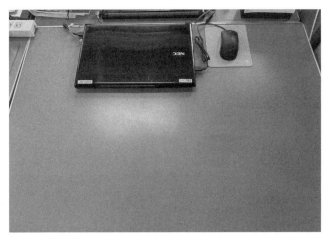

教室設営は確実に終わらせておく

　始業式の後，子どもたちは新しい担任の先生といっしょに新しい教室へ向かいます。ここからは，みなさんは子どもの気持ちになって想像してみてください。

　教室に入ったら，机や椅子の数が足りていないし，おまけに散乱している，番号シールが貼られていないから荷物を入れる場所がわからない，教室はほこりだらけ……。

　このような教室に新年度早々やってきたら，どう感じますか。「このクラスでやっていけるかな」「明日から不安だな」というような感情を子どもも抱くと思います。

　子どもが教室にやってきたとき，安心して過ごせるように，教室設営は確実に終わらせておきましょう。

教室の机と椅子の数が揃っているかを点検し，きれいに整列させた状態で子どもを迎えましょう。

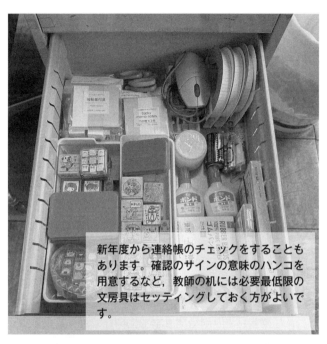

新年度から連絡帳のチェックをすることも
あります。確認のサインの意味のハンコを
用意するなど，教師の机には必要最低限の
文房具はセッティングしておく方がよいで
す。

誰がどこのロッカーに荷物を入れるのかを
明確にするために，番号シールは事前に貼
っておきましょう。
低学年は番号ではなく，名前シールを貼る
場合もあります。

学級の１日のスケジュール把握は非常に重要

　学級の１日の予定は学校によって概ね決まっています。（学校行事が入ってきた場合は変則的な予定になることもありますが……）

　教師生活１年目のみなさんの中には，朝，子どもたちが登校してから下校するまで，どのようなスケジュールで１日を過ごすのか見通しが立たない方もいるかもしれません。（実際，私が１年目のときはわかりませんでした）

　しかし，**基本的な１日のスケジュールを把握**しておけば，そこから逆算して，**学級開きまでに何を準備しておけばよいかが見えてきます。**

　「朝，何時になったら子どもが教室に入ってくるのか」「登校後に，子どもがするべきことは何があるのか」「給食や掃除はどうやって進めるのか」「朝の会や帰りの会ではどんな活動を行うのか」など，１日のスケジュールを細分化するだけでも，いろいろなことが見えてきますよね。こういった内容を１年目を迎える前に知っているか知らないかで，これから先の仕事の進め方に大きな差が生まれます。次のページに，１日のおおまかなスケジュールと，決めておくべき大切なことをまとめた資料をのせています。これから迎える学級生活のヒントにしてみてくださいね。

時

	時
予　　鈴	8：25
◆１〜３年 朝の会・朝学習	8：30〜8：45
◆４〜６年 朝の会 モジュール学習	
１時限	8：45〜9：30
休　　憩	（10分）
２時限	9：40〜10：25
休　　憩	（15分）
３時限	
休　　憩	
４時限	
給　　食	12：20〜13：00
休　　憩	（20分）
清　　掃	
清掃あと片付け	
５時限	
休　　憩	（10分）
６時限	14：40〜15：25
帰りの会	
下　　校	

☆月曜日

子どもが教室にきたら，
宿題や手紙，連絡帳を出す。
荷物を片づける。

朝の会で行う活動内容を聞いておく。
朝の会を子どもたちで進める場合，
司会進行カードがあると便利。

給食当番を決めておく。どこに給
食を取りに行くのかを聞いておく。
給食を食べ終えた後の過ごし方を
決める。

掃除当番を決めておく。どのよう
な道具でどのように掃除を行うの
かを子どもに伝えられるようにし
ておく。

帰りの会で行う活動内容を聞いておく。
朝の会と同様，子どもたちで進める場合，
司会進行カードがあると便利。

担任としての指導軸やルールを決めておく

　もし，みなさんが学級担任を受け持つことになった場合，次のようなことを想像するのではないでしょうか。

　「こんな学級にしていきたいな」「子どもがどの程度のことをしたら叱らないといけないかな」「掃除や給食のときはこんなルールで進めたいな」

　これらの**思いや考えは，ぜひともノートや端末などに書き出しておきましょう**。それが，みなさんの学級経営の1年間の指導軸となるはずです。

　また，**なぜそのような指導軸やルール設定にしたのか理由も説明できるようにしておきましょう**。

　自分の学級の指導軸を決めておくと，様々なメリットがあります。

・子どもや保護者に説明する場合に説得力がある

・指導軸やルールがぶれなければ，子どもや保護者に不信感ではなく安心感を与えることができる

・1年間安定した学級経営が可能となる

　次のページに，私の学級経営の指導軸やルール関係の掲示物をのせています。ぜひ，参考にしてみてください。

【子どもを叱る３つの条件】

・命に関わるような危険なことをしたとき

・人を言葉や暴力で傷つけたとき

・繰り返し注意されても改めようとしないとき

　何をしたら叱られるのかの基準を決めて子どもにも共有しておくことで，子どもは叱られても納得できます。

【給食や掃除のルール掲示物】

　給食や掃除のように，日常的にある活動のルールを伝える場合，掲示物を用意しておくとよいです。

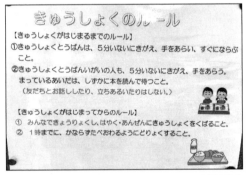

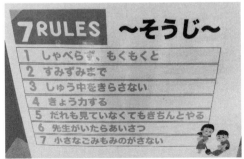

多くの先生は学級開きの時間が とれない？

　新しい担任の発表が行われ，始業式が終わると，いよいよ学級開きです。これまでの私の経験上，始業式を終えて，子どもが下校した後の職員室での先生たちの会話を聞いていると，「配るものが多すぎて何もできなかった」「バタバタしすぎて，全然落ち着かなかった」というのが本音のようです。

　しかし，私はそうは思いません。これまで10回学級担任を経験させていただきましたが，私はこれまで学級開きの日に「バタバタしすぎて，気づけば下校時刻」というような状態に陥ったことは一度もありません。

　バタバタしていてやりたかったことが何もできなかった先生と，やりたかったことがすべてできた先生。一体，どこに違いがあるのでしょうか。

　それはズバリ！　**事前の計画性**にあります。4月の始業式はやらなければいけない事務作業が多いにもかかわらず，始業式も含めて2～3時間授業となります。この限られた時間の中で事務作業も行い，学級開きも行うという**超ハードモード**です。ですが，事前に計画を立てていれば，**ノーマルモード**にすることが可能です。始業式の事務作業で最も多い活動は何かというと，保護者や子どもへの配布物を

配るということです。大きく分けると配布するものは以下の3つです。

・家庭へのお手紙（中には重要なものもある）
・保健関係の書類（提出するものがほとんど）
・新学年で使う教科書や購入したドリル，教材など

「え？　これだけ？」と思われた方は大変危険です。とにかく配る数が多いのです（個人的には，わざわざ始業式の日に配らなくてもよいと感じる手紙もあります）。しかも，この配布物の中には重要な手紙も多いので，必ず配らないといけないというミッションです。

つまり，多くの先生はこの膨大な配布物に悩まされ，ミッションクリアを妨げられているのです。そして，本当に時間をかけたい学級開きの時間を確保できずに，1日を終えてしまいます。

しかし，**事前に計画を立てておく**ことで，学級開きの時間を確実に確保することができます。学級開きの時間をたくさん確保することで，担任の自己紹介や特技の披露，学級のルールの伝達，子どもとミニレクを楽しむなど，**時間を有効に活用できる選択肢が増えます**。

この本を手に取って読んでくださっている先生方には，次ページにて，私がしている学級開きの時間を確保するためのあらゆる計画（作戦）を特別に伝授させていただきます。

学級開きの時間を
たっぷり確保する作戦

　この項目では，学級開きにできるだけたくさんの時間を使うための，私の事前準備のアイデアをたっぷりと紹介します。さきほどの項目でもお伝えしたように，どれだけ事前準備をしたかどうかで，初日の学級開きに使える時間が決まります。

　より具体的に事前準備の様子が伝わってほしいので，写真をたくさん用意しました。どれも，私の学級で実践したものばかりです。

　大事な初日の学級開き。子どもとの出会いの日が充実したものになるように，頑張ってくださいね。

①家庭への配布物はまとめてセッティングしておく

まとめた手紙を入れるための袋や封筒も置いておくと便利です。

②教科書は重ねて並べ，１冊ずつ取っていくスタイルに！

一方通行で子どもが１冊ずつ
教科書を取っていくことで短
時間で配布できます。

③連絡帳は事前に作成し，印刷して配布する

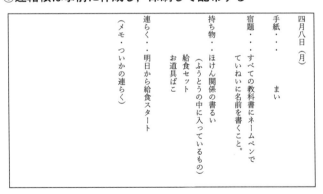

四月八日（月）

手紙・・・　　まい

宿題・・・すべての教科書にネームペンで
ていねいに名前を書くこと。

持ち物・・ほけん関係の書るい
（ふうとうの中に入っているもの）
給食セット
お道具ばこ

連らく・・・明日から給食スタート

（メモ・ついかの連らく）

　事前に作成した連絡帳を配布することで書く時間を短縮
します。

　連絡帳に保護者からのメッセージが書かれている場合も
あるので，点検はするようにします。

学級開きから３日間の過ごし方の重要性と実例

　子どもたちは新しい学年へと進級したことで，「新しい学年でも頑張るぞ！」「新しい担任の先生はどんな先生だろう」「クラスが変わってちょっと不安だな」など，様々な思いを巡らせています。

　学級開きから最初の３日間は黄金の３日間と言われています。**この３日間をどう過ごすかで，今後の学級の１年がガラリと変わってきます。**

　例えば，黄金の３日間では次のようなことを行います。

・教師のどんな学級にしたいかという思いの共有

・ミニレクを取り入れ，明るく楽しい雰囲気づくり

・給食当番や掃除当番などの決め事やルールの確認

・学習規律づくり

　（発表の仕方や聞き方・姿勢の正し方）

・教科の授業開き

・書類の提出の仕方や集め方の指導

　（向きを揃える・番号順）

・靴の入れ方の指導

・荷物を入れる場所や片づけ方の指導

・挨拶の仕方や返事の仕方の指導

・下校指導

4月のはじめは，教室のルールや学級のルール，授業の
ルールなどが新しい教師によって変わることが多いです。
（もちろん，学校で統一されているルールを個人の事情で
変えることはあってはならないことですが……）

　そのため，基本的に4月の最初の3日間は教えることが
とても多いです。教えることが多くて，教師も疲れること
があるでしょう。

　しかし，この「教える」という活動がとても重要です。
この教える活動を，いいかげんにすませてしまうと，どう
なってしまうのか。その例を紹介します。

- ・「学級崩壊」の種を植えることになる
- ・子どもたち同士のトラブルが徐々に増えてくる
- ・落ち着いた学習ができなくなる
- ・子どもへの指示が通らなくなる
- ・保護者からの電話が増える
- ・対応に追われて，残業時間が増える

　いかがでしょうか。想像するだけでもゾッとしますよね。
ですが，丁寧に子どもたちの様子を観察したり，計画を立
てて1日を過ごしたり，たくさん子どもをほめてあげたり
することで，確実にこのような問題は減らせます。

　1年間，安定した楽しい学級で過ごしたいものです。そ
こで私の学級での黄金の3日間の過ごし方をスケジュール
つきで紹介します。ぜひ，参考にしてみてください。

黄金の3日間（1日目）

3年1組　黄金の3日間予定表（1日目）
目標：「子どもをたくさん褒める」「1年間楽しめそうと思えるような出会いにする」
　　　「安全第一に過ごす」

時間	予定	留意点
7：00	○教室掃除	・子どもが来た時に気持ちよく入ってこれ、過ごしやすいように環境整備する。
	○連絡事項チェック	・連絡事項がないか確認する。
	○配布物の最終チェック	・手紙の枚数が揃っているか点検をする。
	○1日のスケジュール確認	・どの流れで進むのか、再度細かく確認する。また、落としてはいけない事項があれば入念に確認しておく。
8：00	○子ども登校、始業式	・体育館で子どもの様子を観察し、いいところを見つけておく。メモする。
9：15	○くつ揃えの指導	・くつは、つま先とかかとを揃える。靴箱の端に、揃えたかかとが重なるように置く。※電子黒板で写真を提示し、下の靴箱に再度揃えにいく。いっしょに行く。密にならないように、十分配慮する。
9：15	○挨拶指導	・口を大きく開けてハキハキを言う。姿勢は気をつけ、挨拶をしてから礼をする。目は先生の方を向けるようにする。挨拶は人としての基本なので、できていなければやり直しをさせる。
9：18	○座り方の指導	・背筋はビーンとする。お腹と背中はグー1個分空ける。両足の裏は、床にぴったりつける。手は自分の膝の上に置く。目は先生の方を向く。※姿勢が良くなると、集中力が高まり、賢くなるということを趣意説明する。できている子を褒める。

時刻	活動	留意点
9:20	○教師の自己紹介、ミニレク	・様々な教材を作って、自己紹介を行う。子どもがこの先生なら1年間楽しくやれそうだと思ってもらえるような自己紹介にする。楽しいゲームを取り入れる。 （船長さんの命令）（落ちた落ちた）
9:25	○教師の所信表明	【学校に来る理由（2つ）】 ① 勉強するところ。 ② 友だちと仲良くなる方法を学ぶところ。 【叱る理由（3つ）】 ① 命に関わるような危険なことをした時 ② 人をいじめたり、傷つけたりした時 ③ くり返し注意されても直そうとしない時 ※きちんと話を聞けている子を褒める。
9:30	○休憩	・子どもの様子を観察する。 ・子どもとたくさん話をする。
9:40	○教科書やドリルの配布	・早く受け取った人は、新しい教科書やドリルの中身を先取りして読んでおく。
9:50	○連絡帳配布	・手紙の枚数確認。重要な手紙は中身をいっしょに確認する。
9:55	○絵本の読み聞かせ	・「いいから いいから」を読み聞かせする。
10:05	○学級遊びをたくさん行う。	・できるだけ楽しいゲームをたくさん取り入れ、初日の子どもたちとの出会いを大切にする。
10:20	○下校の準備	2分で行うようにする。タイマーセット ・机の中に忘れ物がないか確認する。 <u>※すばやく帰る用意ができた子を褒める。</u> <u>※静かに待っている子を褒める。</u> <u>※姿勢がいい子を褒める。</u>
10:25	○下校の挨拶指導	・朝の挨拶と同様に、挨拶をしてから礼をする。できていなければやり直しをさせる。挨拶は人としての基本なので徹底させる。
10:30	○下校スタート	

黄金の３日間（２日目）

3年1組　黄金の３日間予定表（２日目） 目標：「子どもをたくさん褒める」「学級のルールを子どもたちに仕込む」		
時間	予定	留意点
7：30	○教室の掃除 ○配布する手紙の点検	机を綺麗に拭く。床を綺麗に掃く。 配布しやすいように整理して分けておく。
8：00	○挨拶バトル	子どもより先に元気よく挨拶する。 連絡事項の確認をする。
8：30	○対面式	
9：00	○朝の会指導・健康観察	日直が朝の会を進行できるように指導する。 はじめの目標は先生が決める。目標もこの先、 みんなが決められるように任せていきたい。 名前を呼ばれたら、「はいっ」と返事ができる ように指導する。
9：02	○くつ揃え指導・点検 ○座り方・話の聞き方点検	できていたら褒めるようにする。
9：07	○家庭調査カード等の回収	一つずつ丁寧に回収する。忘れていたらチェッ クする。ここでは、忘れても怒らない。ただ し、何回も忘れ物が続いたり、忘れ物をしてい るにもかかわらず嘘をついていたりしたら叱 ることを伝える。
9：20	○道徳「カストーディアル」の授業	子どもたちが掃除を頑張りたくなるような声 かけをする。
9：30	○掃除当番を決める	学校内で1番掃除が上手なクラスをめざす。 しずかに黙々と掃除することを徹底する。
9：45	○休み時間	子どもと遊ぶ。
9：55	○掃除当番決めの続き ○掃除の仕方を順に呼んで説明する。 ○個人写真撮影 ○絵本の読み聞かせ ○学級ルールの指導	掃除の仕方を説明している間はしずかに読書 をして待つようにする。 できていたら褒める。 学級で守るべきルールの指導を徹底する。

10:40	○休み時間	子どもと遊ぶ。（必ず全員運動場に行く。）
10:55	○連絡帳・手紙配布	連絡帳をもってくる際は、ハンコを押しやすいむきにして見せる。「お願いします」と一声かけてから見せるようにする。
	○会社活動を決め・ポスター作成	クラスを楽しくするために、自分たちが進んで活動できる会社を設立すること。 1人以上いれば、会社は設立する。 ポスターのグループ写真を撮影する。
11:40	○休み時間	子どもと遊ぶ。
11:55	○新出漢字の指導（5つ） ○百人一首 ○話す聞くスキル（音読）	毎日5つずつ進めることを伝える。早く進めば、みんなと遊べる楽しい時間ができる。だから、学習中は先生を信じて集中して取り組んでほしい。 様々な音読方法を教える。
12:20	○給食当番・配膳方法・ルールの指導	給食当番はとにかくすばやく準備する。 欠席がいた場合の対応方法の確認。 すばやく配膳を済ませると、楽しく食べられる時間が増える。 10分前には必ずもぐもぐタイムにする。遅れると給食調理員さんに迷惑がかかるため。
13:15	○必ず机を下げてから休み時間にする。	お昼休みは必ず全員運動場に行かせるようにする。体の健康のため。
13:35	○一度、教室に集合し掃除の仕方を確認する。	しずかに黙々と掃除することの確認。周りが喋っていても、自分は喋らないようにする。 しずかに掃除できている子を褒めるようにする。
13:55	○掃除の確認	掃除をしずかにできていた子を褒める。
13:57	○社会の授業開き	おもしろい授業開きにする。社会を学習することが楽しくなるような授業を行う。 学習中は集中して取り組むように指導する。
14:30	○帰りの用意・下校指導	3分で帰りの用意を終わらせる。 できている子を褒める。

黄金の３日間（３日目）

3年1組　黄金の３日間予定表（３日目）	
目標：「子どもをたくさん褒める」「学級のルールを子どもたちに徹底させる」	
「おもしろい授業を行うとともに、学習ルールを定着させる」	

時間	予定	留意点
7：30	○教室の掃除	机を綺麗に拭く。床を綺麗に掃く。
	○配布する手紙の点検	配布しやすいように整理して分けておく。
8：00	○挨拶バトル	子どもより先に元気よく挨拶する。
8：30	○くつ揃え指導	
	○座り方・話の聞き方指導	
	○朝の会・健康観察	日直が朝の会を進行できたら褒める。
		健康観察の際、名前を呼ばれたら、「はいっ」
		と返事をするように指導する。上手に返事を
		できたら褒める。
8：40	○絵本の読み聞かせ	
8：50	○提出書類の回収	一つずつ丁寧に回収する。忘れていたらチェ
		ックする。
9：00	○新出漢字（5つ）	ノート指導の徹底。
	○話す聞くスキル	
	○国語の授業開き	
9：45	○休み時間	子どもと遊ぶ。
9：55	○学級目標を決める	子どもといっしょに決める。
	○百人一首	
	○ミニゲーム	
10：40	○休み時間	15分休みのため、全員運動場に出て遊ぶよ
		うにする。
10：55	○算数の授業開き・ノート指導	タブレットを使って、かけ算の九九の確認を
		行う。
		ノートはゆったり、マス目にふれるくらい大
		きな文字で書く。つめつめで書いてしまうと、
		見にくいし、勉強もやりにくい。

時刻	活動	内容
11:40	○休み時間	子どもと遊ぶ。
11:55	○道徳の授業	道徳の授業の進め方を確認する。
12:30	○給食の事前指導確認	昨日、伝えた給食ルールを確認する。できていたら、褒めまくる。
13:15	○休み時間	昼休みのため、全員外に出て遊ぶ。
13:35	○一度、教室に集合し掃除の仕方を確認	学校内で1番掃除が上手なクラスをめざす。しずかに黙々と掃除することを徹底する。
13:55	○静かに掃除が頑張れたかを確認	静かに掃除が頑張れていた子を褒める。
13:56	○理科の授業開き	虫眼鏡をもって、運動場に植物観察・スケッチを行いにいく。虫眼鏡で絶対に太陽を見ないことを徹底指導。観察のときは、喋らず、よくみて観察することを伝える。
14:35	○教室に戻って、帰る用意をする。	3分で帰る用意。できていた子を褒める。当番の仕事チェック。できていた子を褒める。
14:40	○帰りの会・挨拶指導	帰りの会指導。できたら褒める。元気よく・笑顔で目を見て、挨拶。下校ルールの再確認。
14:45	○下校	
		放課後にすること・子どもの頑張りを保護者に伝える・教室掃除・明日の授業準備・明日の予定確認

この3日間のポイントは，大きく3つあります。

・とにかくたくさん楽しい活動を取り入れること
・学習規律や学校生活規律を徹底して指導すること
・たくさんほめること

ぜひ，今後の学級経営に役立ててみてください。

学級で使える！
準備いらずのおすすめミニレク

　学級開きや隙間時間にミニレクのネタがあると，とても役に立ちます。子どもたちはミニレクが大好きです。

　ミニレクをすることで，子どもたちの笑顔が増え，学級の雰囲気が明るくなります。絆も深まります。

　ですが，準備に時間がかかるものになると，「ちょっと用意するの大変だからやめておこうかな……」となりがちです。そこで，今回は準備がまったくいらず，しかも，盛り上がるおすすめミニレク２選を紹介します。

【おすすめミニレク№1 〜拍手ゲーム〜】

　このゲームのおもしろさは，ゲームを行う回数が増えるとクラスのチームワークが高まっていくところにあります。

《遊び方》

①最初の人が「パンパンッ！」と２回拍手をする。

②前の人が拍手をしたら，次の人が「パンパンッ！」と拍手をし，リレー形式で拍手をつなげていく。

③最後の人が拍手をするまでに何秒かかるかを計測する。

【おすすめミニレク№.2 ～キャッチゲーム～】

　このゲームのおもしろさは，友達と手と手で触れ合えるところ，また，ときどきだましを入れることで笑いが生まれるところにあります。

《遊び方》

①このゲームはペアで行う。

②右手は人差し指を立て，左手は指で輪をつくる。

③自分の右手の人差し指をペアの左手の輪に入れる。

④先生の「キャッチ」という声が聞こえたら，ペアの子が左手の輪でキャッチしようとしてくるので，つかまらないように右手の人差し指を抜く。

⑤たまに，「キャッチ」ではなく「キャベツ」のような変わった言葉も混ぜると，子どもが引っかかり，笑いが起こる。

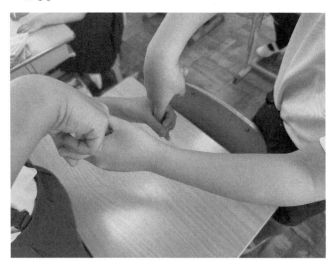

学級で決めたシステムやルールを1か月続ける！

　4月の黄金の3日間で決めた学級のシステムやルールは，当然のごとく決めただけだと，うまくいきません。**システムやルールを決めた後の1か月がとにかく重要な期間**です。

　子どもが新しい学級での生活に慣れるまで約1か月かかるといわれています。つまり，この1か月という期間で学級のシステムを軌道に乗せ，子どもに定着するまで粘り強く伝え続けるのです。

　このときの**教師のマインドで大事な4つのポイント**があります。

　・システムやルールがぶれないようにすること

　・諦めず根気強く伝え続けること

　・子どもと振り返る時間を確保すること

　・たくさん子どもをほめること

　私が過去に担任をしてきた経験からいうと，この4つのポイントを意識して続ければ，学級崩壊を起こすことはありません。システムやルールが定着するまでの1か月間を頑張れば，1年間安定した学級経営が可能となります。

【システムやルールがぶれないようにすること】

　4月に伝えた学級内のルールを教師がコロコロと変えると，子どもが不信感をもちかねません。ルールを見直すことは大切なことですが，まずは1か月続け，学級が安定してきた頃にルールの見直しを考えてみるとよいでしょう。

【諦めず根気強く伝え続けること】

　子どもたちの中には，1回伝えただけですぐに理解して行動に移せる子もいれば，何回伝えても理解しにくい子だっています。「なんでわからないの？」「もう無理……」と諦めずに，根気強く伝え続けましょう。きっといつか理解できる瞬間がやってくるはずです。

【子どもと振り返る時間を確保すること】

　子どもにルールを伝えたのなら，そのルールが守れているかどうかを振り返る時間を確保することが大切です。振り返った内容を近くの友達や教師に伝える機会を設定することも有効な手立てです。

【たくさん子どもをほめること】

　教師が子どもの姿をたくさんほめることで学級の雰囲気は確実にあたたかくなります。すると，子ども同士でもほめるようになり，学級のあたたかい雰囲気が増します。

荷物の入れ方は見本と趣意説明の セットで！

　どこに何の荷物を入れるのか，誰が入れるのかまでは決めている学級は多いと思います。しかし，どのように入れるのかまで指導できているでしょうか。

　教師が「ここに荷物を入れましょう」と指示を出すと，荷物を入れることはできるでしょう。しかし，それはただ入れただけにすぎません。

　荷物の入れ方１つで，学級の規律や雰囲気はガラリと変わります。その理由は大きく２点あります。

　・荷物の入れ方次第で怪我につながる恐れがある

　・入れ方が雑だと，あらゆるものが雑になる

　落ち着いた学級には安心・安全が欠かせません。安心できる学級は学習規律や生活規律が整っています。また，安全な学級は怪我や事故を未然に防ぐ対策や指導が行われています。

　つまり，この荷物の入れ方は学級で安心・安全に過ごすために，とても大切な視点なのです。

　教師が正しい荷物の入れ方の見本を見せ，子どもに指導するようにしましょう。

ランドセルからナプキン袋の紐が
出ていると足がひっかかって怪我
につながる恐れがあります。

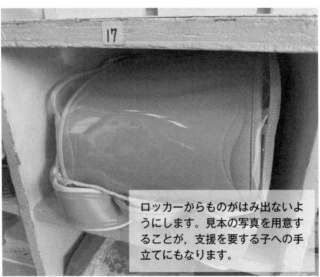

ロッカーからものがはみ出ないよ
うにします。見本の写真を用意す
ることが，支援を要する子への手
立てにもなります。

子どもに伝わる指示の出し方

　学級で子どもたちと過ごしていると，子どもたちに次に何の活動をするのか指示を出すことがあります。この指示が伝わりにくいと，子どもたちが混乱してしまいます。また，伝わりにくい指示を出している学級は落ち着かないことが多いです。

　よい指示の出し方にはコツがあります。

・一時に一事を徹底する
・できるだけ一文を短くする

　一時に一事を徹底することは，向山洋一氏の『授業の腕をあげる法則』で述べられています。子どもによっては一度に複数の指示を出されると，覚えられない子もいます。

　また，一時に一事を伝えても，一文が長いと教師が子どもにどんな指示を出したいのかが伝わりにくい場合もあります。

　一度に複数の指示を出したい気持ちはわかりますが，できるだけシンプルな指示で伝える方が，子どもは次の行動に確実に移れます。

　ここでは，実際の指示の出し方を解説つきでお伝えしま

す。どんな指示を出す場面でも応用が可能ですので，ぜひ参考にしてみてください。

【教科書の80ページの問題をノートに練習させたいとき】

《よくない指示の出し方の例》

「教科書を出して，80ページにある4番の問題を6問終わらせてから先生のところまで持ってきましょう」

伝えたいことを詰め込みすぎて，指示を聞き終えた後に，子どもが混乱する。

《よい指示の出し方の例》

「教科書を出します」「80ページを開きます」「4番の問題を指で押さえます」「6問ともノートに書きます」「できた人は先生のところに見せにきましょう」

指示が1つずつ分けられていて理解しやすい。
子どもがスムーズに活動に取り組める。

１人１当番システムを
導入しよう！

　学級内の仕事を細分化してみると，膨大な量の仕事があります。例えば，どんな仕事があるかというと，

・窓の開け閉めや電気の点灯消灯

・宿題の提出者チェック

・点検後の宿題やノート類の返却

　これらは，学級内のごく一部の仕事です。

　しかし，これらのような仕事を担任である教師１人がすべて行うとなると，子どもと向き合う時間が確保できません。

　そこで，教師でなくてもできる仕事は，子どもたちに１人１つずつ割り振り，協力してもらいましょう。もちろん，どんな仕事を割り振るかを見極めることは重要です。仕事の内容によっては，割り振れないものもあります。子どもでもできる学級の仕事を人数分用意しましょう。

　次のページに，私の学級で実際に取り入れている１人１当番の一覧表をのせています。その日，仕事を終えたかどうかが一目でわかる当番札のマグネットもあわせて活用してみてください。

★3学期一人一当番表

~考動力のあるクラスをめざすために!~

仕事の内よう	担当	いつする	仕事の内よう	たんとう	いつする
電気つけ		ずいじ	ピンクカードチェック		お昼休みまでに
電気けし		ずいじ	バケツの水かえ		そうじの後
えんぴつけずりのかす捨て		帰りの会前	ミニ先生		せいれつさせる時
チョークチェック		帰りの会前	体育の体そう		体育の学習時
給食ごうれい前		給食の前	三小きゅうびん①		ずいじ
給食ごうれい後		給食の後	三小きゅうびん②		ずいじ
スケジュール記入		朝の会時	三小きゅうびん③		ずいじ
教室のまど閉め		帰りの会前	三小きゅうびん④		ずいじ
ろうかのまど閉め		帰りの会前	三小きゅうびん⑤		ずいじ
日直カードこうかん		帰りの会前	そうじロッカーせいり		そうじ終わり
百人一首せいり	百人一首後or帰りの会前	ミニほうきせいり		帰りの会前
黒板クリーナー		帰りの会前	あくカクリップせいり		帰りの会前
黒板みぞふき		帰りの会前	漢字チェック		15分休みおわりまで
ぞうきんせいり		そうじの後	算数チェック		15分休みおわりまで
かし出しセットせいり（文具）		帰りの会前	タブレットチェック		帰りの会前
かし出しセットせいり（ノート）		帰りの会前	当番チェック		帰りの会前

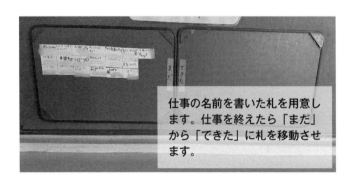

仕事の名前を書いた札を用意します。仕事を終えたら「まだ」から「できた」に札を移動させます。

給食指導のシステムづくりのポイント

　学級担任を受け持っていたら，給食は毎日行う活動の1つです。子どもたちは基本的に給食の時間が好きです。（中には好き嫌いが多くて，給食の時間を苦手としている子もいますが……）

　給食の時間は，基本的に毎日同じルーティンで活動を行います。そのため，**システムづくりが重要**です。このシステムさえしっかりしていれば，子どもたちだけでも給食の一連の流れを進めることができます。給食指導のシステムづくりにおいて，押さえるべきポイントは，次の4つです。

---

①給食当番表をつくること
②給食室に行くまでのルートを確認すること
③配膳の順番を教えること
④減らすこととおかわりのルールを最初に確認すること

　これらの**給食システムを給食が始まる前に子どもたちと共通理解しておく時間を確保**しましょう。そして，学級ルールと同様に，そのシステムが定着するまで1か月じっくりと続けましょう。

【給食当番表の例】

当番は輪番制にして掲示しておきます。週末の金曜日に，時計回りに１つ動かします。

【配り忘れが少なくなる配膳の順番】

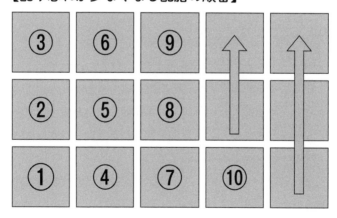

　好きなところに配膳すると配り忘れが生じます。配膳の順番を固定化します。

ズバリ！ 掃除当番はこうやって決める！

　みなさんは，小学生時代どのような掃除当番で掃除をしていましたか。多くの場合は，「今週は1班が教室掃除の担当で，2班が廊下掃除の担当で……」というように，班で掃除当番を決められていたのではないでしょうか（実際，私は小学校6年間上記のような方法で掃除当番を決められていました）。そのような掃除当番のシステムがいけないわけではないですが，私の経験上，ある問題が発生します。その問題とは，

> ①掃除をする人としない人が出てくる
> ②一人ひとりの掃除の仕事量に差が生じる

　このような問題を未然に防ぐために，私が取り入れている掃除当番のシステムが，**1人1掃除システム**です。前項でも取り上げた1人1当番システムと同様に，掃除も1人1箇所ずつ掃除場所を細分化します。

　掃除場所を細分化することで，**一人ひとりの仕事内容が明確になります**。また，掃除場所が明確になった分，よい意味で掃除をサボらなくなります。次のページに細分化した掃除当番表をのせていますので参考にしてください。

【１人１掃除システムのポイント】

　４月の職員会議で掃除担当場所の案件が出ます。それを
もとに，掃除当番を決めましょう。

掃除分担表（案） 2022.4

学年 （人数）	掃除分担場所
１年（14）	教室・教室前廊下・靴箱・新館１F手洗い場
２年（23）	教室・教室前廊下・靴箱・新館２F手洗い場・体育館前 新館２Fトイレ・新館階段・ステップ１
３年（18）	教室・学童前〜山側階段前・靴箱・本館２Fトイレ・本館１F手洗い場 ステップ２
４年（18）	教室・教室前廊下・靴箱と保健室前廊下・本館１Fトイレ 本館３F手洗い場（２か所）本館２F手洗い場（２か所）
５年（32）	教室・教室前廊下・靴箱・職員室前廊下・玄関 ２F・３F渡り廊下・本館３Fトイレ・新館３F手洗い場 本館階段（山側）・ステップ３・４ オープンスペース・図書館・図工室と図工室前廊下
６年（23）	教室・教室前廊下・靴箱・体育館 新館１Fトイレ 特別教室（理科室・音楽室・家庭科室・放送室・ハートルーム） 新館３F廊下・本館階段（海側）

　実際に掃除場所を見に行くことで，担当箇所を振り分け
やすくなります。

☆９月そうじ当番☆

自分のそうじ場所をすみずみまで、きれいにしましょう!!

名前	まず、すること	つぎに、すること
1	教室ほうき（右半分）	
2	教室ほうき（左半分）	
3	たなやロッカーをぞうきんでふく、３０分ごうれい	すべてのつくえをふく
4	1ごう車のイスの足をふく	1ごう車のつくえをはこぶ・はこんだつくえをそろえる
5	2ごう車のイスの足をふく	2ごう車のつくえをはこぶ・はこんだつくえをそろえる
6	3ごう車のイスの足をふく	3ごう車のつくえをはこぶ・はこんだつくえをそろえる
7	前のこくばんのみぞをぞうきんでふく	後ろのこくばんのみぞをぞうきんでふく
8	きょうしつのレールのゴミをとる（前・後ろ）	教室ほうきたんとうがあつめたごみをちりとりでとる
9	教室のまど①をふく	教室のまど①のみぞをふく
10	教室のまど②をふく	教室のまど②のみぞをふく
11	教室前〜山がわかいだん前ほうきそうじ	はいたゴミをちりとりでとる
12	3年くつばこのゴミをミニほうきでとる	3年くつばこをはく〜くつを1つずつていねいにそろえる
13	3年くつばこよごれの手あらい場	3年教室前から学ぼう前のまどを1日1つずつきれいにする
14	3年教室よこトイレ（男子）のゆかそうじ	人が育ていない時にできるきっちりできる人しか
15	3年教室よこトイレ（男子）のべんきそうじ	ここのそうじはえらばせない。
16	3年教室よこトイレ（女子）のゆかそうじ	人が育ていない時にできるきっちりできる人しか
17	3年教室よこトイレ（女子）のべんきそうじ	ここのそうじはえらばせない。
18	ステップ2の教室そうじ	

掃除の仕方を教え，
教師もいっしょに掃除を！

　子どもたちは掃除道具を正しく扱うことができていますか。また，どのように掃除を行うかを理解していますか。

　掃除場所を決めた後，「では，自分の担当場所の掃除を始めましょう」では，子どもたちはどのように掃除をしたらよいかわからず混乱してしまうでしょう。（特に低学年は困ると思います）

　子どもたちが上手に掃除ができるようにするには，次のようなステップを踏むことが重要です。

・掃除当番を決める

・子どもを１人ずつ呼び，掃除の仕方を指導する
　（どのような道具で，どのように掃除するのか）

・実際に掃除をする

・掃除の振り返りをする

　子どもたちがはじめての掃除に安心して取り組むためには，**事前に教師が丁寧に指導しておくことが大切**です。

　また，教師自身も子どもたちといっしょに掃除に取り組みましょう。掃除を頑張っている子どもたちを発見できるため，後にほめる材料にもなります。

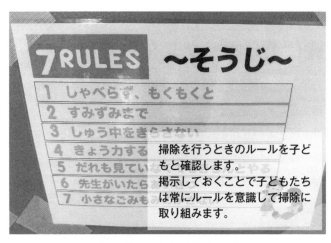

掃除を行うときのルールを子どもと確認します。
掲示しておくことで子どもたちは常にルールを意識して掃除に取り組みます。

掃除道具の片づけ方の写真を掲示しておくことで，子どもたちは写真をもとに丁寧に片づけるようになります。

忘れ物をしたときの
貸し出しボックスを用意

　これまでの人生の中で一度も忘れ物をしたことがない人はいるでしょうか。恐らくですが，ほぼ100％誰だって忘れ物をしたことがあるはずです。

　ロボットは一度記憶させると消去しない限り忘れることはありませんが，人間は忘れる生き物です。ましてや，小学生の子どもですから，忘れて当然です。（忘れ物が当たり前という意味ではなく，忘れることだってあるという意味です）

　もし，あなたが小学生だったとして，筆箱を忘れてしまったとします。そのとき，担任の先生から「筆箱を忘れたのなら今日は１日座っていなさい」と言われたらどう感じますか。１日苦痛で仕方がないのではないでしょうか。

　子どもは学習する権利があり，学習の機会を保障しなければいけません。だから，忘れ物をした場合は，教師が貸してあげればよいのです。そして，複数人が忘れてきた場合を考えて，**貸し出しボックスを準備**しておきましょう。しかし，ただ貸し出すのではなく，子どもに**借りるときの礼儀やマナーを指導**することも忘れてはいけません。また，忘れ物をしないような工夫を考えることも大切です。

文房具の貸し出しボックスと，ノート類の貸し出しボックスの2種類を用意しておくと便利です。

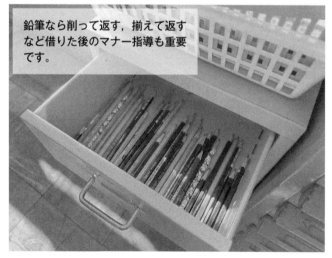

鉛筆なら削って返す，揃えて返すなど借りた後のマナー指導も重要です。

朝の会と帰りの会の
マニュアルづくり

　朝，子どもたちが登校した後には朝の会，子どもたちが下校する前には帰りの会を設定している学校が多いと思います。

　私の学級では，朝の会と帰りの会に次のような活動を行っています。

【朝の会の活動内容】

①先生と挨拶

②学級目標を全員で唱える

③今週のめあてづくりと確認

④先生のお話

【帰りの会の活動内容】

①机と椅子を揃える

②先生のお話

③先生と挨拶

　朝の会や帰りの会は基本的に子どもたちが司会進行します。そのために司会進行カードを用意しておきましょう。

【司会進行カードの見本】

朝の会

〈朝の会のすすめ方〉

「きりつ！」
「朝のあいさつをします。」
「おはようございます。」 ・・・日直
「おはようございます。」 ・・・みんな
「ちゃくせき。」
「今日の日直は、〜〜(名前)と〜〜(名前)です。よろしくおねがいします。」
「今日のめあては、○○○です。みんなで言いましょう。せーの。」
　　　　　【めあてをみんなで言う】
「みんなでまもれるようにがんばりましょう。」
「しば田先生からのお話です。よろしくおねがいします。」

帰りの会

〈帰りの会のすすめかた〉

「これから帰りの会をはじめます。」
「つくえをそろえましょう。」
　　　　　【つくえをそろえる】
「明日の日直は、〜さん　と〜さんです。」
「しば田先生からのお話です。よろしくおねがいします。」

　司会進行カードをラミネートしておき，子どもたちが自由に手に取れるようにしておきます。

気になる子よりも
まずは周りを固める！

　みなさんの学級には，気になる子ども（トラブルが多い子や生活に課題がある子など）はいますか。前担任からの引き継ぎ等で，気になる子の情報は聞いていると思います。

　担任をしていると，授業中や休み時間など，ついつい気になる子のところに行き，手をかけたり，マンツーマンでべったりとはりついたりしてしまいます。

　ところで，みなさんは働きアリの法則というものを知っていますか。

【働きアリの法則】

　組織や集団は，２割・６割・２割の３つの構成比率に分かれるものです。

A：２割→学習や生活で貢献度が高い集団

B：６割→学習も生活もどちらも平均的な集団

C：２割→学習や生活でなかなか貢献できない集団

　さきほどの例に挙げた「気になる子」は，Cの集団に当てはまります。実は**１年間の安定した学級経営には，この働きアリの法則が大きく関係**してきます。

　みなさんは新年度，新しい学級を受け持った際，Aから

Ｃの集団のうち，まずはどの集団にスポットを当てて指導を行おうと思いますか。このとき，**新年度早々にどっぷりとＣの集団（気になる子が固まる集団）に手をかけすぎるのは危険**です。気になる子がいるので，Ｃの集団を手厚く見たい気持ちはわかります。

しかし，そこにばかり手をかけすぎてしまうと，Ｂの６割の集団が徐々に崩れてきて，Ｃの集団に仲間入りしてきます。すると，気になる子が増え，教師のサポートが追いつかなくなります。

そして，ついにはＡの集団までがＣの集団に移動し，学級崩壊まっしぐらです。

では，新年度にどの集団を意識した指導を行うのかというと，それはＢの集団です。Ａの集団の２割とＢの集団の６割を味方につければ，合計で８割が学級に貢献できる集団へと成長していきます。

８割を味方につけた後に，たっぷりとＣの集団に時間をかければ，学級が大きく崩れることなく，じっくりとＣの集団２割を学級に貢献できるように育てていくことができます。

しかし，ここで勘違いしてはいけないことがあります。最初はＢの集団に時間をかけますが，**決してＣの集団をほったらかしにするわけではない**ということです。Ｃの集団をほめたり，叱ったり（割合でいうと，ほめる９割叱る１割です）することもあります。このあたりの関わり方のバランスは経験を積むととれるようになります。

授業で勝てないぶん，
遊びで関係を築き上げる

　この本を手に取ってくださっているのは，きっとこれから教師を目指す方から，教師経験3年目までの方が多いのではないでしょうか。

　まだまだ教師経験が浅い先生が，何十年も教師歴がある先生に，「授業」という土俵で勝るというのは，かなり難しいものです。サッカーを始めて1年の人と，20年のサッカー歴がある人では，やはり20年の人にはかなわないですよね。（余程のセンスと才能があれば話は変わってきますが……）

　学級担任を受け持てば，1年間でおよそ1000時間の授業を実施することになります。だから，毎日少しずつでも授業について勉強し続ければ，着実に授業力はレベルアップしていきます。

　まだまだ教師歴も授業力も未熟な教師が，唯一ベテランの教師に勝てるものがあるとするなら，それはずばり「若さ」です。若いというだけで，子どもたちは，すぐに駆け寄ってきてくれます。

　私は初任時代は，この若さを生かして，とにかく休み時間はたくさん子どもと遊んだり，お話ししたりして過ごしました。

私が初任時代から一度も学級崩壊を起こしていないことには，確実に「たくさん子どもと遊ぶこと」「たくさん子どもと話をして関わること」が影響しています。

　学級懇談会や家庭訪問などで保護者とお話しした際，「柴田先生は子どもたちとたくさん遊んでくれるから，学校に行くのが楽しいと言っています」と，毎年ほとんどの保護者からありがたいお言葉をいただいています。

　実は，**子どもと遊ぶ際に意識しているポイントが2つ**あります。

　・遊ぶ場所が偏らないようにすること
　・遊んでいるときにも学級の軸は忘れないこと

　子どもによっては，外遊びが好きな子もいれば，教室で遊ぶことが好きな子もいます。例えば，教師が外ばかりで遊んでいたら教室で遊ぶ子との関わりは少なくなりますよね。

　だから，**どちらか一方の遊び場所に偏らないように，どちらの場所でも遊ぶことが大切**です。

　また，遊んでいるときにも学級の軸は忘れないようにしています。いくら楽しく遊んでいても，子どもが遊びの中で人を傷つける言葉を口に出したら，厳しく叱ります。**楽しい雰囲気に流されず，ダメなことはダメだと指導することが必要**です。そうすることで，教師への信頼感がアップし，子どもたちも安心して遊ぶことができます。

欠席した子どもの保護者への
連絡で大切にしたいこと

　毎日，子どもたちが元気な姿で登校してくれたらうれしいのですが，なかなかそうもいきません。子どもたちも人間ですので，体調を崩して休むこともあります。また，家庭の都合で欠席することもあります。

　欠席した日には，保護者に電話で連絡します。（3日以上欠席が続いている場合は，状況を見ながら家庭訪問することもあります）

　欠席した子どもの保護者への電話連絡の際，私が意識しているポイントが4つあります。

・子どもの様子を教えてもらう

・宿題等について伝える

・可能ならば子どもと電話で少し話をする

・保護者にお礼の一言を伝える

　まず，1つ目は子どもの健康面を教えてもらうようにします。熱があるか，食欲があるかなど，現時点での子どもの体調を聞いて把握しておきます。

　次に，2つ目は宿題や配布物について伝えます。しかし，宿題について伝えても，子どもの体調によっては宿題に取

り組めない場合もあります。そんな状況も踏まえて,「まずは,体調を戻すことを優先してあげてください」と一言伝えるようにします。

　3つ目は,体調を見ながら,可能ならば子どもと少し電話で話します。「大丈夫?　無理せずゆっくり休んでね」など,ほんのわずかな時間でも子どもと心をつなげることを大事にしています。

　最後に4つ目は,保護者にお礼を伝えることです。子どもの看病で大変な中,貴重な時間を割いて対応してくれています。

　「お忙しい中,ありがとうございました。お大事にしてください」と一言気持ちを伝えます。

　子どもが欠席したときには,この4つのポイントを意識して電話連絡をしてみてください。

「今日お休みされていたので心配でお電話させていただきました。体調いかがでしょうか?
お忙しい中,教えてくださってありがとうございました。お大事にしてください」

教室の清潔感をいつも維持しよう

　みなさんの教室はいつも過ごしやすいように清潔に保たれていますか？　**教室の清潔感を維持することは，間違いなく学級の安定感と大きく関係しています。**

　では，教室を清潔に保つとは，一体どういうことができていればよいのでしょうか。例えば，次のような項目をご自身の教室環境を思い出してチェックしてみてください。

□床にごみは落ちていないか

□子どもの机や椅子はきれいに揃っているか

□みんなが使う本や備品は整理整頓されているか

□雑巾はきれいにかけられているか

□教師のデスク周りは整理されているか

□教室の空気は適度に換気されているか

　床はごみだらけ，机や椅子はぐちゃぐちゃに乱れている，雑巾が床に大量に落ちている，教室の空気が重苦しい。

　そんな教室で毎日過ごすととても苦しい気持ちになりませんか。苦しい気持ちがたまると，ストレスがたまります。**ストレスがたまるとトラブルも起きやすいです。**教室の清潔感を維持し，学級の荒れを予防しましょう。

机や椅子はいつもきれいに揃え
ておきます。
床にはごみは落とさず落ちてい
たらすぐに拾います。

みんなが使う道具や学級文庫
も，使いやすいように整理整
頓を心がけます。

トラブル発生時は
早期発見・早期解決がカギ

　学級にはトラブルはつきものです。性格や価値観が異なる子どもたちが，教室という場所で共に過ごしているのですから，トラブルがあって当然です。そして，トラブルが表面化していないだけで，水面下にトラブルの種が眠っている可能性もあります。

　トラブルと聞くと，どうしてもネガティブな印象を受けます。けれど，正しく処理すれば決して怖いものではありません。むしろ**トラブルは子どもたちの成長に必要不可欠なもの**です。

　では，トラブルが起きたとき，どのように対処すればよいのでしょうか。ポイントは5つです。

・時系列で記録を残しておく

・子どもといっしょに解決策を考える

・複数人で指導に入る

・管理職に報告・連絡・相談をする

・場合によっては保護者に連絡する

　トラブルが発生した際，これらの5つのポイントを踏まえ，早期発見・早期解決がカギとなります。

【時系列で記録を残しておく】

　子どもは時間が経過すると記憶が曖昧になり，前に言っていたことと内容が変わることがあります。子どもの証言にズレが出ないように，記録しておきましょう。

【子どもといっしょに解決策を考える】

　子どもの言い分をすべて聞き終えた後，「どうすればよかったかな？」と，共に解決策を考えます。トラブルを自分ごととして捉え，トラブルの再発を防ぎます。

【複数人で指導に入る】

　高学年でのトラブル（特に女子のトラブル）は複雑なことが多いです。そのため，複数人で指導に入り，組織的に解決をめざしましょう。

【管理職に報告・連絡・相談をする】

　トラブルをきっかけに保護者から管理職宛てに電話が入ることもあります。そんなとき，管理職がトラブルの内容を認知しているかどうかは，今後の進展に大きく影響します。必ず管理職への報告・連絡・相談を怠らないようにしましょう。

【場合によっては保護者に連絡する】

　トラブルの内容によっては保護者への連絡が必要です。教師の主観を伝えるのではなく，事実のみを伝えましょう。

子どもが怪我したときの対処方法とは

　1年間，子どもたちと学級で過ごしていると，小さな怪我から大きな怪我まで遭遇することがたびたびあります。初めて学級担任を受け持つと，子どもが怪我をしたときには次のような気持ちになるのではないでしょうか。

　「子どもが怪我をしてしまった。どうしよう……」

　「保護者からクレームが入らないかな……」

　私もはじめて学級担任を受け持ち，子どもの怪我に遭遇したときは同じような気持ちを抱きました。

　ですが，前項のトラブル対応と同じく，**子どもの怪我の場合も早期対応を心がけ，保護者に電話する際は先手を打つように意識しましょう。**

　子どもが怪我をしたときの対処方法ですが，私の場合は次のような怪我の場合は保護者に電話連絡をしています。

・首から上の部分を怪我した場合

・救急車を呼ぶような怪我をした場合

・怪我をさせた加害者がいる場合

　それ以外の怪我は基本的に保健室や教室等で処置を行い，様子を見るとよいでしょう。

【保護者に電話連絡を入れる３つの状況】

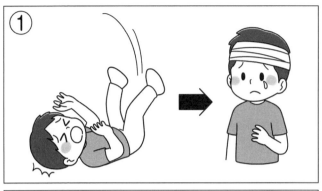

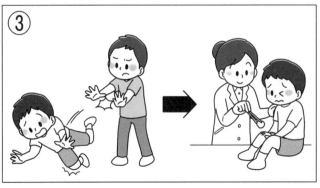

長期休業前は荷物の持ち帰りと大掃除を忘れずに

　子どもたちには1年間のうち，夏休み・冬休み・春休みと3回の長期休業期間があります。長期休業に入る前に必ずやっておくべきことが2つあります。

・計画的に荷物を持ち帰ること
・教室の大掃除を行うこと

　ここで扱う荷物とは，主にお道具箱や習字セット，絵の具セット，体操服等の荷物です。長期休業期間中に，衣類関係は家庭で洗濯をしたり，道具関係は不足しているものを補充したりしてもらうために持ち帰らせるようにします。

　これらの**荷物を終業式の日に一度に持ち帰らせるのは，大変危険**です。大量の荷物で両手がふさがってしまうと，ころんだときにすぐに手がつけません。

　終業式の日の少し前くらいから，**1日1つずつでもいいので使い終わった荷物は持ち帰らせる**ようにしましょう。

　教室の大掃除は，お世話になった教室の机や椅子，床や窓を，子どもたちといっしょに隅々までピカピカに掃除します。

　また，長期休業の間に，担任は教室のワックスがけを行

います。（ほこりですべりやすくなるのを防ぎ，床を保護
するためにワックスをかけます）

　ここで**しっかりと大掃除をしておくことで，次の学期を
気持ちよく迎えることができます。**

　荷物は最小限にし，計画的に持ち帰ります。右のように
両手がふさがると，安全な下校ができません。

ワックスをかける前に
机と椅子を下げます。

木目にそってワックス
をかけていきます。

長期休業に入る前に
子どもの作品を外しておく

　長期休業期間中は，教室に補習の学習をしに来たり，プール開放で水泳学習に来たりと，大人も子どもも含めてたくさんの来客が出入りします。

　もし，子どもたちの作品が長期休業期間中にも教室や玄関等に掲示されていたらどんな問題が起こり得るでしょうか。

　夏の時期だと台風による雨風が原因で，冬の時期だと風雪が原因で作品が飛ばされたり，ちぎれたりする恐れがあります。

　また，決してあってはならないことですが，子どもたちの作品にいたずらされる可能性もゼロではありません。

　子どもたちは一つひとつの作品を思いを込めてつくっています。一生懸命つくった作品を，最後まで無事に家に持ち帰るには，作品を守る手立てが必要となります。

　その手立ての1つとして，**長期休業に入る前に，教室や玄関等の作品は1つ残らず外しておくことが重要**です。そして，**外した作品は，教室の見えない場所に安全に保管しておきましょう**。

　また，場合によっては，学期を終えたタイミングごとに家に持ち帰らせるのもよいでしょう。

教室や玄関の作品は1つ残らず外しておきましょう。

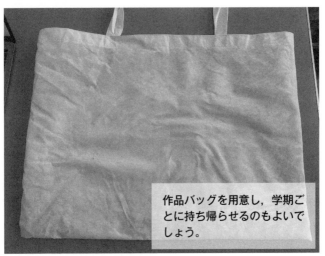

作品バッグを用意し，学期ごとに持ち帰らせるのもよいでしょう。

修了式で伝えたい
最後のメッセージ

　4月にスタートした学級も，終わりの日はやってきます。1年間，子どもたちと学級で過ごしていると，いろいろな感情があふれてくることでしょう。楽しかった出来事，なかなか思うように進まず，苦しかった時期。決して楽しいだけの1年間ではなかったはずです。

　しかし，3月の修了式が近づいてくると，学級での別れが寂しくなってくるものです。ちなみに，私ははじめて担任生活を終える修了式の日，別れが寂しすぎて号泣しました。この本を読まれていて，これからはじめての担任生活をスタートされる方は，3月に私と同じような気持ちを味わうかもしれません。

　実は当時の私は，何も知らず大事なことを理解していませんでした。

　修了式の日に，学級での別れを悲しむことは大切ですし，楽しかったと思い出を共有することも大切です。

　しかし，本当に大切なことは，**「その学年で学んだことを次の学年につなげること」「担任があなたから代わっても子どもたちがこれまで通りに頑張れること」**です。

　学級を充実させることは大切ですが，新年度になったときに，「前の学級の方がよかったな」とか，「○○先生はこ

んなことをしてくれたのに」など，不満をもらすようでは
意味がありません。

　だからこそ，修了式の日には別れを悲しむことや楽しか
った思い出を共有するだけでなく，必ず次の2つのポイン
トを押さえましょう。

①ここからが本当のスタートだということ
②次の学年に進級し，担任が代わっても学んできたこ
　とを継続して発揮すること

　今年の自分の学級の充実だけでなく，次年度のことも考
えた学級経営をするようにしましょう。

教室は年度はじめよりもきれいにし，初期化を！

　1年間のたくさんの思い出がつまった教室ですが，次年度は違う教師がその教室を使用するかもしれません。

　この本でもすでに伝えているように，新年度はとにかくやることが多くて忙しいです。

　新年度，受け持つ学年が決まり，新しく使う教室の設営を始めようとしたとき，次のような状態だったらどうなるでしょうか。

・教室がほこりやごみだらけの状態
・前に使用していた教師の荷物がいまだにまとめられ
　ていない
・前に使用していた子どもの荷物が残っている

　ただでさえ忙しいのに教室の掃除から始めることになり，次の担任が気持ちよく新年度の準備を始められません。このような事態は避けたいところですし，事実，避けることができます。**前担任が修了式までの時間を使って子どもとピカピカに大掃除をしたり，春休みの時間を使って担任が教室を初期化**したりすればよいのです。

下記は**次の担任に教室を明け渡す際のチェックリスト**です。ぜひ，ご活用いただき，気持ちよく1年を終えられるようにしましょう。

【年度末の教室初期化チェックリスト】

□子どもの荷物は1つ残らず持ち帰らせたか

□担任の荷物は段ボール等にまとめられているか

□すべてのロッカーに荷物やごみが残っていないか

□すべてのロッカーをきれいに拭いているか

□教室の床はワックスがかけられているか

□エアコンのフィルターや扇風機をきれいに洗ったか

□教室の窓と桟をきれいに拭いているか

□黒板はきれいに拭かれているか

□ロッカーの番号シール等はすべてはがしているか

□配膳台はきれいに掃除されているか

□掃除用具ロッカーの中にごみが残っていないか

□教室にあるすべての掲示物を外しているか

□教室のごみ箱は空になっているか

□普段掃除しないような場所もきれいに拭いているか

　このチェックリストを活用して，気持ちよく教室を明け渡しましょう。

まずは指導書通りの授業から始めよう！

　はじめて授業準備をしようとしたとき，きっとみなさんはこんなことを思うのではないでしょうか。

> 「え？　授業って何から準備したらいいの？」
> 「そもそも授業ってどのように進めたらいいの？」
> 「ゆっくり授業の準備をしたいけれど，時間が足りない」

　このような思いをもつのは，ごく自然なことです。なぜなら，授業の経験値がほとんどゼロだからです。

　特に初任の先生は，担任業務としてはじめてだらけの校務を日々こなしているわけですから，授業準備になかなか時間を割きにくい状況であると思います。それでも，毎日の授業は進んでいくわけです。

　正直なところ，練りに練った完璧な授業を毎日・毎時間行うことは，中堅やベテランでも不可能です。よくても1日1時間，もしくは週1時間が限度といったところです。

　それよりも**初任の先生がまず身につけたい授業スキルは，授業の型を覚えること**です。そして，その授業の型を覚えるには各教科の指導書を読むことです。**指導書は，全国各**

地の教科のプロフェッショナルの先生たちの知識や経験，アイデアがつまったすばらしい**授業バイブルです。しかも，指導書は一般的にどの先生方でも授業がしやすいような授業展開となっています**。だから，まずは指導書通りの授業でよいのです。指導書通りの授業を1年間コツコツと続ければ，授業の型が身につきます。

　もちろん，いつまでも指導書通りの授業を続けましょうというわけではありません。ある程度，校務を要領よくさばけるようになり，授業準備に時間を割けるようになれば，自らの力で授業をつくれるようになることだって大切です。

　それまでのパイプ役として，ぜひとも，指導書を活用してみてくださいね。

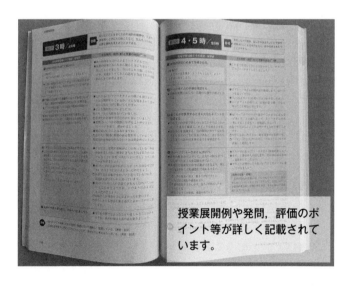

授業展開例や発問，評価のポイント等が詳しく記載されています。

授業の型を身につける〜国語編〜

　前項でもお伝えしましたが，まずは授業の型を覚えることが大切です。

　私が初任時代，授業の進め方で悩んでいたときに，当時いっしょに勤めていた先輩の先生から教科ごとの授業の型を教わりました。その**型通りに授業を進めるだけでも，随分と日々の授業がしやすくなりました。**

　そこで，ここからは初任の先生向けに教科ごとの基本的な授業の型を紹介していきます。この型と指導書の授業例を参考にしていただければ，それなりの授業を展開することができるはずです。

　まず，最初は国語の授業の型です。国語は毎日1時間必ず行う授業です。国語では物語文や説明文のような読み取る力を身につける単元や，話したり聞いたりする力をつける単元，新聞やレポートを作成し，書く力をつける単元など，とにかく授業の型が幅広いです。

　【①読む】【②話す聞く】【③書く】【④新出漢字】と大きく4つのタイプに分けた授業の型を紹介します。授業をつくる際は，この型をもとに進めて，そこに発問や指示を組み込みながら授業をしてみてください。みなさんの授業準備の負担感を少しでも軽減できれば幸いです。

①【読む】を中心とした授業の型

○題名や写真，挿絵からお話の内容を想像する。

↓

○教師による全文範読。

↓

○初発の感想を書く。（ノートやタブレットに書く）

【感想を書くときの視点】

・おもしろいと思ったことは？

・なんでだろうと思ったことは？

・不思議に思ったことは？

・感動したことは？

・すごいと思ったことは？

↓

○初発の感想を交流する。

　　（ペア・グループ・全体で）

↓

○わからない言葉の意味調べをする。

↓

○音読練習を行う。

↓

○段落分けをし，場面ごとに内容の読み取りを行う。

↓

○単元末には，学習内容を読み進めてきて感じたこと
　を作文等に書いてまとめる。

②【話す聞く】を中心とした授業の型

○発表する内容の素材を準備する。

・例えば，自分について紹介するのなら，自分の好き
　なことや苦手なことなどを書き出してみる

↓

○発表するための原稿や資料をつくる。

・資料は写真やプレゼン作成ソフトを活用する

↓

○発表のポイントを共有する。

・大きな声でハキハキと伝える

・話し方に抑揚をつける

・聞き手の方を向いて発表する

↓

○ポイントをもとに，発表練習を行う。

↓

○発表会を行う。

※発表前に，発表に対してどのような質問をすればよ
　いかなど，質問の仕方を共有しておく

↓

○友達の発表を聞いて，心に残ったことを伝える。

↓

○単元を通して学んだことを振り返る。

③【書く】を中心とした授業の型

○書きたいテーマを決める。

↓

○テーマについての素材を準備する。

・本やインターネットを使って情報を集める

↓

○集めた素材をもとに文章を組み立てる。

・「はじめ」→「中」→「終わり」の順

・「調べた理由・調べ方」→「わかったこと」→「まとめ」

↓

○書いたものを読み合い，感想を伝え合う。

④【新出漢字】を中心とした授業の型

○ドリルに書いている内容を音読する。

・音読み・訓読み・使われ方・部首名・画数を読む

↓

○筆順の確認を行う。

・黒板に書く，モニターに映すのもよい

↓

○筆順通りに空書きを行う。

↓

○ドリルの新出漢字のなぞり書きを行う。

授業の型を身につける～算数編～

　国語の授業と同様に，算数も毎日1時間必ず行う授業です。これは，私の個人的な意見ですが，教科学習の中で比較的授業を行いやすいものが算数だと感じています。

　しかし，誤った認識をしていただきたくないのですが，**授業が展開しやすいだけであって，決して算数の授業が簡単なわけではありません**。どの教科学習も研究すればするほど，奥が深くなるものです。

　では，なぜ授業がしやすいのかというと，それは**授業の基本型をどの単元でも活用できるから**です。【A数と計算】【B図形】【C測定】【C変化と関係】【Dデータの活用】のどの領域でも基本型が活用できます。

　そして，他教科と違って，問題には必ず答えがあるということも1つの要因として挙げられます。

　子どもたちは，授業の中で1つの問題に対し，様々な意見を述べます。授業の経験を積むことで，子どもの意見をうまく拾い上げ，そこから意見を広げたり，他の意見と関連させたりできるのですが，初任の先生がその領域に達するのは正直難しい部分があります。

　その点，算数は考え方は複数あっても，答えは決まっているため，授業がしやすいと考えられるのです。

算数の授業の型

○教科書に記載されている問題を提示する。

・問題でわかっていることは何かな？

・問われていることは何かな？

↓

○課題設定（めあてづくり）をする。

↓

○見通しを立てる。

・答えはどれくらいになりそうかな？

・今までに習った方法で使えそうなものはあるかな？

↓

○自分の考えを書く。

　（ノートでもタブレットでも OK）

・1 人で考える

・ペアで考える

・グループで考える

↓

○考えた意見を交流する。

・黒板に書いて発表する

・モニターに映し出して発表する

↓

○めあてに対するまとめを行う。

↓

○本時の学習で学んだことを振り返る。

授業の型を身につける〜社会編〜

　社会の授業と聞いて，みなさんはどのようなことをイメージしますか？

「社会の授業ってなんだか難しそう……」

「いろいろな知識を教えないといけないな」

「国語や算数と違って授業の進め方がわからない」

「歴史や政治なんて教えられる自信がない」

　同じようなことを思われた方もいるのではないでしょうか。ちなみに，社会の授業をはじめて行ったときの私は同じことを思っていました。

　忘れもしない出来事があります。社会の授業を子どもたちの前ではじめて行ったとき，あまりにもうまくいかなすぎて，子どもたちの下校後に悔しさのあまり涙しました。子どもの意見を拾えない，授業をどう進めていけばよいかわからない，子どもにうまく教えられない，そんなことがありました。

　しかし，その経験もあり，一生懸命社会の授業について勉強して，今では私の好きな教科の1つでもあります。

　これから社会の授業を行おうとしている方が，少しでも抵抗感なく授業を進められるようになれば幸いです。

社会の授業の型

○学習問題（めあて）を提示する。

※学習問題に関連する写真を提示しておくと効果的

↓

○教科書の挿絵や写真，グラフなどの資料から学習問題の解決に関係するものを調べる。

・わかったこと

・発見したこと

・疑問に思ったこと

↓

○調べたことをペアやグループで交流する。

↓

○ペアやグループで交流したことを全体で共有する。

・共有したことを黒板に書いたり，モニターに投影したりする

↓

○発表した中で，さらに深めたい疑問が出てきた場合はその疑問を全体で解決する時間を設定する。

↓

○解決した考えを全体で共有する。

↓

○学習問題に対するまとめを行う。

↓

○本時の学習で学んだことを振り返る。

授業の型を身につける〜理科編〜

　子どもたちは理科の学習が大好きです。みなさんは小学生のとき，理科の学習は好きでしたか。私が子どものとき，３年生になるのを心待ちにしていました。観察や実験といった活動系の学習が多いのが要因の１つといえます。

　しかし，**理科の学習では，使い方を間違えると，とても危険なものもあります**。例えば，虫眼鏡で太陽を見てはいけないことや，危険な薬品は目に入らないように十分注意することなど，一歩間違えると体に危害が加わるような学習も中にはあります。ですが，きちんとルールを守れば，ワッと驚くような実験も経験できるので，とても楽しい学習です。

　理科の学習では，次のような流れがオーソドックスです。

学習課題（めあて）の提示→予想→検証方法の計画→実験→結果をまとめる→結論を出す

　私は**予想を立てることを大事にしています**。なぜなら実験後に，結果は予想通りだったのか，それともまったく違っていたのかを確かめるからです。また，予想は「なぜ，その予想をしたのか」理由もあわせて書くとよいでしょう。

理科の授業の型

○学習課題（めあて）を提示する。

↓

○どんな結果になりそうか予想を立てる。

・なぜ，その結果になると思ったのか理由を書く

・理由を書くときは，これまでの生活経験をもとに書くとよい

↓

○どんな実験を行えば課題を解決できそうか実験方法を考える。

・はじめのうちは，指導書にのっている実験方法を真似してもOK

・子どもたちに場所や道具，方法など実験の計画をデザインさせてみるのもおもしろい

↓

○考えた方法をもとに，実験を行う。

・安全に実験を行えているかを確かめる

・実験結果を記録しながら実験を進める

↓

○記録した実験結果を交流する。

↓

○実験結果をもとに，その結果から何がわかったのか結論を出す。

授業の型を身につける～体育編～

　体育の学習は，単元を通して（もしくは１時間という授業の中で）様々な観点に配慮する必要がある教科といえます。実際に私が授業の中でいつも大事にしているポイントは以下の通りです。みなさんの体育の授業では，いくつ当てはまりますか。

□１時間の中でどれだけの運動量を確保しているか？

□運動器具を使用するときは，安全性を十分に考えて使用できているか？

□子どもが自ら課題設定をする場面があるか？

□自分やチームの課題を改善する時間があるか？

□子どもの関心をひくような内容か？

□友達と協力して準備や片づけができているか？

　これらを１時間の学習の中にすべて詰め込むのは正直無理がありますが，**運動量の確保だけは毎時間欠かせません。**最近は，１人１台端末も導入され，体育の授業の中でも活用しますが，**端末の活用に時間を割きすぎて，肝心の運動量が少なくならないようにしましょう。**

体育の授業の型

○学習環境をセッティングする。

・安全に配慮して学習環境をセッティングする

↓

○準備運動を行う。

↓

○単元のゴール目標を確認する。

・この学習で何ができることをめざすのか？

↓

○本時のめあてを考える。

・学級で1つのめあてを決めても，個人でめあてを決めてもよい

↓

○個人やチームで練習を行う。

・改善点を発見するためにタブレットを使うと効果的

↓

○レベルアップタイムを行う。

・自分の技能をレベルアップさせたり，課題を改善したりするために，話し合いの時間を設定する

↓

○話し合ったことを生かし，再度練習を行う。

↓

○安全に気をつけて，片づけを行う。

ノートチェックはほどほどに

　私は新任の頃，毎回授業後には必ずノートを回収して，そのノートにコメントをつけて返却していました。当時のクラスの人数は35人で，毎日4教科分くらい集めていたため，1日140冊ほどチェックしていたわけです。

　当時の自分に今ならハッキリ言います。そんな働き方，**継続することは不可能**です。事実，子どもが学校にいる間にそんな膨大な数のノートをチェックできるはずがありません（チェックできていたとしたら，その時間目の前の子どもたちを見れていますか？）。しかも，子どもが帰ってからとなれば，ノートチェックは会議を終えた後や定時を過ぎた後になります。

　そこで，短時間で子どものノートをチェックする方法として，**ルーブリック**を使うという手段があります。**ルーブリックとは，「ここまで到達していたらAレベル，Bレベルのように合格基準を示した目印**のようなものです。

　この**ルーブリックを事前に子どもと共有しておく**ことで，**教師はノートチェックする際，ルーブリックで示したポイントだけに絞ってチェックできます**。しかも，子どもたちと事前に共有しているため，AやBと示したとしても，根拠のある評価なので，子どもたちも納得感を得られます。

【ルーブリックを使ったノートチェック方法】

事前に子どもたちに，

・正しい式と答えを書く

・式と答えを表す図と説明を書く

どちらか1つできたらB，どちらもできたらAだと共有し
ておきます。

式と答えと図は書けているが，
求め方の説明が書けていない
からBレベル。

式・答え・図・説明が正し
く書けているためAレベル。

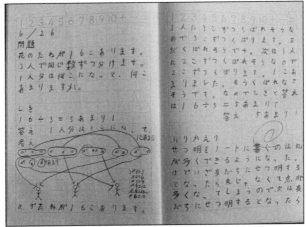

名前順で集める？
判断力が重要！

　毎日の宿題，子どもたちの作品，配布したアンケート用紙など，日々子どもたちから回収するものは多数あります。回収するときに，**2つのポイントを意識するだけで，無駄な時間を省けたり，効率的に仕事を進められたりします。**

　そのポイントとは，ずばりこの2点です。

・後に名前順で出す必要のあるものは，回収する時点で名前順で集めておく

・それ以外のものは，提出できる人から集めておく

　具体例を交えて紹介すると，わかりやすいものが長期休業明けに提出する子どもの作品（図工の絵画コンクールに応募する絵や読書感想文など）です。これらの作品は応募要項で名前順で出すことが規定となっています。子どもが作品を提出した後に，教師が再び名前順に並べ替えるのでは，余計な手間が生じます。

　集めるときにはじめから名前順で回収しておけば，さきほどの余計な手間は生じず，その時間を違うことにあてることができます。

　また，アンケートも名前順で集めることがベターです。

アンケートを回収するとその後にチェック及び集計の作業があります。（最近は Google Forms などを使うことで，提出チェックも集計作業も AI が担ってくれるものもあります）

　チェックや集計の作業は自分で行うもの以外に，場合によっては管理職の先生に提出し，管理職の先生が行うものもあります。（授業アンケートは基本的に管理職が行います）

　つまり，自分や他の先生方の手間をなるべく最小限にするには，「これは名前順で回収しておくべきか？」それとも「提出できる人から提出させていいものか？」の**判断力が重要**なのです。

評価の仕方やポイントは
学年で共有しておく

　子どもたちが何か成果物をつくったときや，体育で実技テストを行ったときなどは，教師が学習評価を行います。評価の際，気をつけるべきポイントが2つあります。

・主観で評価しないこと
・評価の足並みを学年で揃えること

　例えば，音読テストをしたときに，次の3つをクリアしたらA評価になるとします。

---

①大きな声でハキハキと読む
②すらすらと読む
③声に抑揚をつける

　それなのに，「Aさんは，①と②はクリアしていたな。残念ながら③はクリアできなかったけれど，普段から優しいし，よく頑張っているからおまけでA評価としよう」

　これは，完全にAさんに対して，**教師による主観を入れ込んだ評価であり，正当な評価とはいえません。誰から見ても公平で客観的な評価が必要**となります。

また，学年によって評価の足並みを揃えることも大切です。

　例えば，体育のマットの実技テストのとき，次のような評価のズレがあったとします。

　　３年１組は「前転と開脚前転どちらもできたらＡ評価」
　　３年２組は「前転だけできたらＡ評価」

　さあ，どんな問題が発生するでしょうか。２組は前転だけできたらＡ評価をもらえるため，１組と比べて２組はＡ評価の子が激増するはずです。１組の子はきっと不満を抱くことでしょう。

　このようなことを防ぐためには，**評価テストを実施する前に，学年団で評価のポイントを共有しておくこと**が重要です。

　「何について評価するのか？」

　「何ができたらＡ評価になるのか？」

　このあたりをきちんと学年団で話し合うことで，妥当な評価を示すことができます。

まずは所見の書き方を覚えよう！

　小学校の通知表には，係活動の記録や行動の記録など，各教科の成績以外にも記載する事項があります。そして，通知表作成において，多数の教師が頭を悩ます作業が所見を書くことです。

　所見とは，文章で子どもの様子を伝えるものであり，主に学習の様子や学校生活の様子について，各学期で頑張ったことを書きます。

　各学校によって所見の文字数は異なりますが，およそ1人あたり100文字から150文字程度で書くことがオーソドックスといえます。

　なぜ，多くの教師が所見で悩むかというと，

・どのように書けばいいのかがわからない

・何を書けばよいのか思い浮かばない

・書きたいことはあるけれど文章がうまく書けない

・書きすぎて，文字数がオーバーしてしまう

　この4つのうち，いずれかに当てはまるからです。

　そこで，今回は1つ目〜3つ目の方をターゲットにした所見のお悩みを解消します。

【所見のお悩み解消方法その①】

　まずは，日常の子どもの頑張り（授業と学校生活の二面）を記録しておきましょう。毎日でなくてもよいです。わずかな記録を残しておくだけで，所見を書く材料になります。

```
＜ メモ                                    ⬆    ⋯

    Aさん
    音読の声がハキハキしている
    掃除を隅々まで頑張っている

    Bさん
    算数で図を書いて説明している
    教室に入ると毎日元気に挨拶できる
```

　簡単なメモで OK です。それだけで所見を書くときに役立ちます。

【所見のお悩み解消方法その②】

　所見を書くにはコツ（文章の型）を身につけましょう。

> 　国語科の「〇〇」（〇には単元名が入る）では，△△（△には活動で頑張ったことを少しだけ詳しく書く）ができました。掃除当番（給食当番でも係活動でも挨拶等でも OK）では，□□ができました。

　所見の書き方の本も多数販売されています。本の文例を参考にすると，書き方のコツが身につきます。

通知表は説明責任が伴う！

　学期末の懇談会や終業式に向けて，各学級では通知表を作成します。通知表の各教科の成績のつけ方は，5段階評定だったり，ABC評定だったりと各学校で異なります。

　もし，あなたがあるクラスの学級担任だったとして，国語の評定で5段階のうち，3とつけた子どもがいたとします。そして，その保護者から懇談会や電話連絡等で，次のように聞かれました。

　「うちの子，どうして国語のテストの点数が悪くないのに，5じゃないんですか？」

　さあ，あなたは，この保護者にどのように説明しますか。

　成績をつけた以上，保護者にはなぜそのような成績になったのか，説明責任を果たす必要があります。（すべての保護者がこのように聞いてくるわけではないですが，聞かれたときには根拠のある説明ができないといけません）

　このときに，**用意しておくと便利なものが，子どもの成果物や成績のデータ表です。** 根拠となる資料を用意しておくことで，言葉だけで説明するよりも，より一層説得力のある説明をすることができます。

　これは，私が保護者に説明するときに使っているデータです。保護者が納得するような説明をめざしましょう。

【保護者に説明するときに使用しているデータ】

《Ａさんの場合》

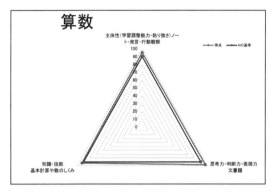

　数値化した際，思考力・判断力・表現力，知識・技能，主体性ともにＡの規準に達していると説明ができます。

《Ｂさんの場合》

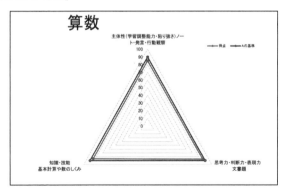

　数値化した際，思考力・判断力・表現力，知識・技能，主体性ともにあと３点ほど足りていないためＢ評定だと説明ができます。

年度はじめの健診前に伝えたい学級での事前指導

　４月から６月末にかけて，各種健診が保健室で行われます。養護教諭が中心となって行う測定や，学校医に来ていただいて診てもらう歯科健診など，**子どもたちの成長度合いや健康状態を把握するために**，とても大切です。

　このような**健診前の教室での事前指導はかなり重要**です。事前指導をするか否かによって，その後の子どもたちの健診の状況は大きく異なります。

　事前指導で押さえるべきポイントは次の３点です。

・健診は名前順に並んで待つこと

・挨拶をすること

・健診前・健診中・健診後はとにかく静かに待つこと

　もう少し詳しくお伝えします。１点目について，基本的に健診は名前順で診ていただくことが多いです。保健室についてから並ぶのではなく，教室を出発する前に名前順に並んでおきましょう。

　２点目について，養護教諭も学校医も，貴重な時間を割いて健診をしてくださっています。その方々に気持ちよく健診を行っていただくには，やはり挨拶が肝心です。健診

前には，「よろしくお願いします！」，健診後には「ありがとうございました！」と伝えることが人としてのマナーだと思います。

　そして，3点目は最も重要なポイントです。健診中に他の子たちが大きな声で騒いでいたり，動き回ったりしてしまうと，正確な検査ができなかったり，正確な健診結果が得られなかったりします。たとえ小さな声でも，数十人が小さな声で話をすれば，大きな声になります。健診前・健診中・健診後はとにかくしゃべらないことを徹底させることが大切です。

教室で健診の3つのポイントを踏まえた事前指導を行いましょう。

正しい検査が行えるように健診の始まりから終わりまではとにかくしゃべらないことが重要です。

新年度最初の学習参観・
学級懇談会はここを押さえる

　新年度がスタートした後の4月末。1つ目の関門が待ち受けています。それは，学習参観・学級懇談会です。基本的に5時間目に学習参観，子どもが下校した後の6時間目に学級懇談会と，同日に開催されることが多いはずです。

　保護者は学習参観と学級懇談会にどのようなことを求めていると思いますか？

【学習参観に求めていること】

○我が子が楽しく学習を受けているか？

○我が子は授業の中で活躍できているか？

【学級懇談会に求めていること】

○今年はどのような先生なんだろうか？

○保護者同士うまくやっていけるだろうか？

　細かく言えば，もっとたくさんのニーズがあるのですが，大きく分けるとこれらのことを保護者は求めています。このニーズに応じれば，ある意味1年間安心です。

　そこで，私が毎年行っている「失敗しない！　学習参

観・学級懇談会のヒミツ」を特別に公開します。

　まずは，学習参観についてですが，とにかく簡単に答えることができる発問を多くして，**1時間の授業の中で全員が1人1回発言できる授業を実施**しましょう。ポイントは学習に抵抗感がある子には，簡単な発問に答えるチャンスを与えることです。中身を深めるような発問は，学習に抵抗感がない子にするとよいです。

　そして，学級懇談会では，**レジュメやプレゼン，懇談を迎えるまでの子どもの様子が伝わる写真や動画を用意する**ことです。せっかく貴重な時間を割いて，学級懇談会に参加してくださっているので，「来てよかった」と思ってもらいたいですよね。

　また，保護者同士もきっと，はじめましての方が多いことが予想されます。学級懇談会では保護者にもお話ししていただきます。そこで，少しでも話しやすくするために，**トークテーマをルーレットで決める**ようにしています。

　何を話したらいいかわからないよりも，話すテーマが決まっている方が話しやすくなるはずです。子どももそうですが，「何でも自由に話し合いましょう」よりも，「○○について話し合いましょう」の方が話し合いのスタートはスムーズですよね。

　これから1年間，学級担任を務めていくうえで，最初の学習参観・学級懇談会はとにかく重要です。これらのポイントを踏まえて，ぜひ準備をしてみてください。

【学級懇談会で使用しているプレゼンの一部】

「Canva」というアプリを使えば，おしゃれなテンプレートで手軽にプレゼンづくりができます。

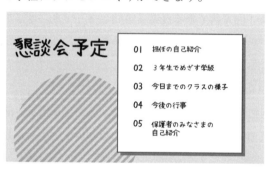

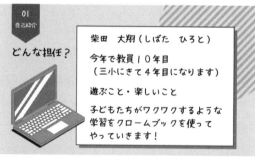

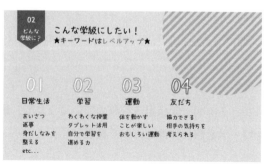

　ルーレットは，ルーレットを作成できるアプリで簡単に
作成することができます。

はじめての家庭訪問の組み方

どの学校も，4月末から5月上旬にかけて，家庭訪問を行います。1つの家庭でおよそ10～15分程度で家庭での子どもの様子を保護者からうかがいます。

学級担任は，いつ・どの家庭から訪問するのかを，保護者からの日時希望調査票と各家庭の住所をもとに決めなければいけません。

家庭訪問をスムーズにするには，組み方の順番が大切です。回る順番の組み方がうまくいかないと，何度も同じ道を行ったり来たりして，移動に無駄な労力を費やさなければいけなくなります。そして，その結果，家庭訪問でお話を聞く時間が短くなったり，移動距離が長いため遅刻することになったりする可能性も生じます。

保護者の方にも多忙な中，貴重な時間を割いて準備していただいています。時間の許す限りお話を聞けるように，遅刻だけは絶対に避けましょう。

家庭訪問をスムーズに回るためには，**同じマンションに住んでいる子どもや住所が近い子どもの家を同じ日に訪問する**ことです（保護者の方の日程の都合によって不可能な場合もあります）。組み方のコツをのせているので，参考にしてくださいね。

【家庭訪問の組み方のコツ】

①まずは，保護者の希望日ごとに振り分ける

　　例：５月３日を希望しているチーム，５月４日を希望し
　　　　ているチームというように振り分ける。

②振り分けたチームの中で住所が近い子どもをまとめる。

　　例：A町１丁目，A町２丁目，B町１丁目

③住所が近い子どもをまとめたら，訪問可能時間を確認す
　　る。

④学校をスタート地点とし，１件目の訪問先を決める。そ
　　の後，１件目の近くを２件目に設定する。これを繰り返
　　し，なるべく無駄な移動を省く。

【組み方のコツ〜アドバイス〜】

　スマホ等で訪問ルートを確認したり，一度自分で訪問先
を下見したりしておくことで安心感をもって訪問すること
が可能となります。

はじめての家庭訪問 どうしたらいいの？

　教師になって，はじめての家庭訪問は大変緊張しますし，不安でいっぱいになるものです。そんな緊張感や不安感を少しでもやわらげるために，家庭訪問の4つのポイントを押さえておきましょう。

・家庭での子どもの様子を聞く

・学校での様子を伝える

・保護者の子どもへの願いを聞く

・保護者が話しているときにメモをとらない

　家庭訪問で最も大切なことは，家庭での子どもの様子を把握することです。学校では優しさ全開・リーダーシップバリバリのAさんでも，家庭ではまったく別の姿ということもありえます。

　子どものことを一番よく理解しているのは，やはり保護者です。その保護者の話を聞くことで，

　「学校であれだけ頑張っているから，家では甘えたいのかな」

　「学校では友達に対してあたりがキツいけれど，家では優しいところもあるんだな」

というように，学校だけでは到底把握できないような貴重な姿に気づくことができます。

また，教師も学校での様子を伝えておくことで，**保護者が知らなかった子どもの一面を共有することもできます**。

家庭での子どもの様子を聞いたり，学校での様子を伝えたりした後は，保護者の子どもへの願いを聞きましょう。この**願いを聞いておくことは，子どもへのアプローチの仕方のヒントになります**。

例えば，優しい子になってほしいと願うのなら，優しさを感じられる活動を取り入れていくことができます。文字を丁寧に書いてほしいと願うのなら，丁寧な文字を書けるような手立てを考えることができます。

最後に気をつけることは，これらのような**家庭訪問での話を決して家庭訪問中にメモしないこと**です。教師がメモすると，緊張感を与えてしまい，余計なことはしゃべらないようにと，保護者が本音を出さなくなってしまいます。

どうしてもメモしたい場合は，家庭訪問を終えた後，保護者から離れた後にメモするようにしましょう。

また，挨拶や笑顔，正装での身だしなみ，清潔感など，社会人としてのマナーは家庭訪問に限らず大切なことも覚えておきましょう。

はじめての個人懇談会の
予定の組み方

　個人懇談会の予定の組み方も，前項の家庭訪問の組み方とほとんど同じです。むしろ家庭訪問の組み方の方が，ルートや訪問順を気にしながら組まないといけないため，はるかに複雑です。

　個人懇談会の予定の組み方のマニュアルは次の通りです。

---

①個人懇談会の日時希望調査票をもとに希望日で振り
　分ける。
②日時希望調査票の中で，懇談可能な時間が少ない保
　護者や時間に縛りがある保護者から埋めていく。
③兄弟がいる子どもの保護者は，可能な限り同じ日で
　時間が近くなるように設定する。
④残りの保護者を懇談可能な時間枠を確認しながら埋
　める。

　個人懇談会の日程調整は，保護者の懇談可能な時間さえ守っていれば，組み方は自由です。例えば，懇談参加者を時間に隙間なくつめて終わらせたり，逆につめすぎないように少し休憩の時間を設けたりすることもできます。

　私は後者です。保護者との話が万が一長引いてしまった

場合に，他の保護者を待たせてしまうからです。どちらの
タイプにするのかは自分で選択しましょう。

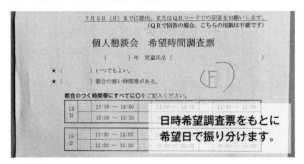

日時希望調査票をもとに
希望日で振り分けます。

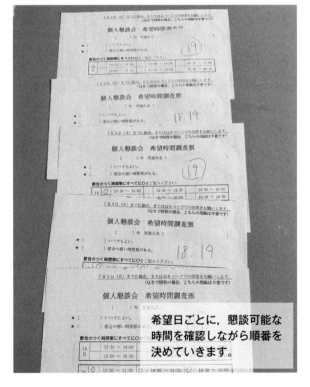

希望日ごとに，懇談可能な
時間を確認しながら順番を
決めていきます。

個人懇談会
～準備から終わりまで～

　各学期末には，保護者が学校に来校し，個人懇談会を行います。そこでは，今学期の子どもたちの学校生活での様子や学習の成績をお話しすることになっています。

　1人あたりの懇談時間は10～15分程度です。**わずか10分のために，忙しい中，保護者は貴重な時間を割いて学校へ来てくださいます。**

　私たち教師にできることは，**保護者に「来てよかった」と思ってもらえる有意義な時間を過ごしていただくことです。**

　この項目では，懇談会の準備から終わりまで基本的なことや，ちょっとしたアイデアをご紹介します。

【懇談会～準備編～】

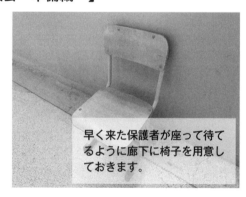

早く来た保護者が座って待てるように廊下に椅子を用意しておきます。

暑い時期は廊下でも少しでも涼んでいただけるように,ミニ扇風機があるとよいです。

室内履きやスリッパを持参される方が多いですが,万が一に備えて保護者用のスリッパを用意しておきます。

個人懇談会の座席のセッティング（A）です。
机上に複数の作品などを並べられるよさがあ
ります。

個人懇談会の座席のセッティング（B）です。
椅子に高さがあるので，座ってもらいやすい
です。

【懇談会〜アイデア編〜】

子どもたちの学校生活の写真や動画をまとめておきます。待ち時間や終わった後に見ていただきます。

キャリア・パスポートや子どもがつくった作品を用意しておくと，子どもの頑張りを共有することができます。

避難訓練の事前指導

　この本を読んでいるときに，強い揺れの地震が発生した場合，あなたが今いる場所でのベストな避難方法を選択できますか？　**私はベストな選択はできませんが，ベターな選択ならできます。**

　もし，ベストな選択があるのなら，地震や津波で命を失う人はいないはずです。地震や津波は想像をはるかに超えてくると東日本大震災で被災された方は言っていました。

　ベターな選択ができるようになるためには，なるべくたくさんの選択肢をもっておく必要があります。その選択肢を増やす，1つのきっかけが避難訓練です。

　私は避難訓練のとき，いつもその瞬間の100％を発揮できるように，頭をフル回転させています。その理由は，たった1つです。

> 「避難訓練でできないことを，本当に地震が発生したときにできるはずがない」

　そう認識しているからです。子どもたちにも同様のことを伝えており，避難訓練での様子は真剣です。

　避難訓練では，「ある合言葉」を子どもたちの心の中に

いつも刻み込みます。その合言葉とは，**「おはしも」**です。この合言葉は，ある言葉の頭文字をつなげています。

お→おさない

は→はしらない

し→しゃべらない

も→もどらない

　地震や津波が発生した際，1秒でも速く避難することが大切ですが，だからといって**焦って避難してしまうと，避難中に事故が起き，逆に逃げ遅れてしまう**ことも想定されます。押さない・走らないを意識するだけでも，少しは事故を防げるはずです。

　また，避難時に子どもたちがザワザワとしゃべってしまうと，**大事な指示が通らなくなります。**そのため，日頃の避難訓練からしゃべらないことを徹底しておきましょう。

　最後は，絶対に戻らないということです。避難のとき，教室に何か忘れ物をしてしまったとします。そうだとしても，絶対に戻ってはいけません。戻ってしまうことで，逃げ遅れてしまい，避難できない状況に陥る可能性もあります。**どんなものよりも，まず，大事なのは自分の命です。**

　避難訓練での事前指導の際，ぜひ，これらのことを子どもたちに真剣な眼差しで伝えてみてください。

運動会は事前準備が何より大切！

　子どもたちにとって，1年に1回の大きなビッグイベント。それが，運動会です。

　基本的に各学年が中心となって行う種目は次の3つです。

---

　①徒競争もしくはリレー
　②団体競技（綱引きや台風の目，騎馬戦など）
　③団体演技（ダンスやフラッグ，組体操など）

　運動会はとにかく準備することが多いです。徒競争やリレーなら走る順番やレーン決め，団体競技では種目決めや競技のルールの確認などです。そして，特に団体演技での曲決めや振りつけは時間がかかります。

　だからこそ，**事前準備がとにかく重要**なのです。そして，これらの事前準備は，長期休業中の比較的時間にゆとりがあるときに考えておくとよいです。長期休業以外の子どもたちが学校に来ている期間に考えようとすると，莫大な時間がかかり，大幅な超過勤務へまっしぐらです。

　例えば，徒競争なら春の体力テストで実施した50メートル走のタイムをもとに，だいたい同じくらいのタイム同士でグループを組んでおくことができます。

団体競技なら種目決めやルール，競技で使用する道具の用意，場合によってはつくっておくこともできます。

　団体演技ならじっくりと曲を聴いたり，曲に合った振りつけを考えたりすることができます。

　長期休業はしっかりと体を休めることも大事ですが，**余裕をもって仕事に励むための貯金をつくっておくことも大事**です。

　下の写真は，徒競争や団体演技を考えるときに，私が使っている資料です。今後，みなさんが運動会を迎えるときに何かのヒントになれば幸いです。

　徒競争の走順は短距離走のタイムをもとに振り分けます。Microsoft Excel を使うと並べ替えてくれて便利です。

はじめてのプールで
指導すべきこと

　約30件。この数字，何だと思いますか。防災新聞によると，これは1年間にプールで起きた事故の件数です。1件でもあってはいけない事故が約30件も起きてしまっているのです。

　ほとんどの子どもたちは，プールに入れると聞くと，喜びが爆発することでしょう。その気持ちはよくわかります。ただ，**プールには危険がつきものだということも十分理解しておく必要があります。**

　プール指導においては，次のようなポイントを意識しておくことが大切です。

・できるだけハンドサインを活用し，いつも教師に注目させること
・バディを組んで，顔色チェックをすること
・こまめに水分補給タイムを設定すること

　プールでは，極力声を出さないようにすることが大切です。それは，大事な声を聞き落とさないためです。教師の声の大きさと子どもの声の大きさは比例します。つまり，教師が大きな声を出せば，子どもも大きな声を出します。

ですが，大きな声であふれてしまうと，「助けて！」と**SOS を出す声を発しているときに聞き落としてしまうか**もしれません。だから，ハンドサインを活用し，教師がしゃべらなくても，子どもたちに指示が通るようにしておくことが大切です。

　また，バディを組むことが，この問題の対策にもなります。**バディ同士で顔色を確認することで，少しの異変にも気づきやすくなります。**

　最後に，水分補給タイムを設定することです。日本スポーツ振興センターによると，2013年〜2017年においてプールでの熱中症は179件にも及んでいます。しかも，プールサイドではなく，**水泳中に熱中症が起こることが多いこと**もわかっています。水中でも大量に汗をかいているため，こまめに水分補給タイムを設け，熱中症対策をしましょう。

【プールでのハンドサイン例】

 プールサイドに立ち，水面の安全確認をする

 プールサイドに腰かけ，膝から下を水に入れる

 プールに入り，背中を壁につけて待つ

終業式で絶対欠かせない
重要ポイント

　終業式は，今学期を締めくくる大事な１日です。この日を終えると，翌日から子どもたちは長期休業に入ります。終業式の１日はざっくりと分けると，次の２つを行います。

・終業式（体育館で行う儀式的行事）
・各学級指導
　（宿題や通知表の配布，生活ルールの確認）

　そして，終業式や各学級指導の中で，**絶対に欠かせない重要ポイント**があります。ぜひ，重要ポイントを押さえ，子どもたちが有意義な長期休暇を過ごせるようにしていきましょう。

「〇〇式」と名前がつく儀式的行事は正装がマナーです。教師だけでなく，子どもたちにも服装を整えて臨むように声をかけましょう。

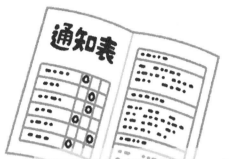

通知表は必ず渡す前に名前をチェックしましょう。渡し間違いがあると個人情報の流出につながる恐れがあります。

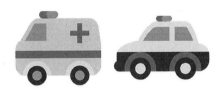

長期休業時には子どもたちの生活ルールが乱れがちです。「3つの車」に例えた話を必ず伝えておきます。

【お世話になってはいけない3つの車】

救急車　：大きな怪我や病気をしないように

パトカー：万引きやトラブルを起こさないように

消防車　：火遊びをして火事を起こさないように

学年会計は後回しにすると危険！

　学期末になると，「収入がどれだけで」「どんなものをいくつ購入して」のような会計報告書を作成します。会計は１円たりとも間違えられません。学期末には購入した教材の伝票をもとに，会計報告書を作成します。この会計報告書は学期末に保護者へ配布します。学期末に配布できれば，いつ行ってもよい作業です。

　しかし，**学期末にまとめて処理しようとすると，金額の入力ミスや収支のズレが生じます**。入力ミスや収支のズレが発生すれば，どこからズレているのかを遡ってチェックし，修正する必要があります。このチェックにとにかく時間を費やしてしまいがちなのです。解決方法はいたって簡単です。**購入したものの納品書が届き次第，すぐに会計帳簿に入力しておく**のです。これだけで，会計漏れや収支のミスを未然に防ぐことができます。

　私たちは保護者から毎月，貴重な教材費を預かっています。**預かった教材費は１円たりとも無駄にしてはいけません**。もし，我が子の担任がお金にルーズだったら不信感を抱きませんか？　そんな人に我が子を預けようと思いますか？　**お金をきっちりと管理することは，保護者からの信頼や安心感につながります。**

1学期　学級会計報告書

【収入の部】

収　入		月額	人数	金　額
学級教材費	4月	1,300	23	29,900
	5月	1,300	23	29,900
	6月	1,300	23	29,900
	7月	1,300	23	29,900
そ　の　他	前年度繰越			6,900
収　入　合　計				126,500

【支出の部】

品　目	単価	数量	金　額
くりかえし漢字ドリル	350	20	7,000
くりかえし漢字らくらくノート	180	20	3,600
漢字テストばら	60	20	1,200
くりかえし計算ドリル	350	20	7,000
くりかえし計算らくらくノート	180	20	3,600
白布	800	1	800
	8,235	1	8,235
国語テスト	310	20	6,200
算数テスト	380	20	7,600
理科テスト	380	23	8,740
国語ノート	175	20	3,500
算数ノート	175	20	3,500
かんじれんしゅうノート	175	20	3,500
5ミリ方眼ノート	175	23	4,025
日直カード	8	23	184
A4コピー用紙	500	1	500
A4更紙	750		750
B4コピー用紙			
マリーゴールドのたね			
ホウセンカのたね		23	
硬毛筆			3,220
花の土		23	7,130
色画用紙	36	15	525
風やゴムのはたらき	320	23	7,360

学期末には学級会計報告書を作成し，保護者に必ず配布します。

入力漏れを防ぐために，納品書が届き次第，会計帳簿に入力します。

アンケート，回覧板は
すぐにチェック

　ときどき，自分の職員室の机上に，アンケートや回覧板が回ってきます。正直なところ，このアンケートや回覧板はほとんどが今の自分に必要ではないものが多いです。（他の先生方にとっては必要な場合もあります）

　アンケートや回覧板をチェックするとき，最も大切なことは，ずばり**判断力**です。「この情報は自分に必要なものかな」「特に今の自分には必要なさそうだな」と，すぐに判断できる力を身につけましょう。必要でなければチェックだけして，すぐに他の先生にアンケートや回覧板を回します。

　このアンケートや回覧板のチェックを後回しにすると，他の先生に連絡が行き届かない，後回しにしたものが机上に次々とたまる，気づけば回覧板等の捜索に数時間かかるなど，**予想以上にダメージを受けます**。アンケートや回覧板は速攻で処理して，常に机上はスッキリした状態を維持できるようにしましょう。

　しかし，ごく稀に回答が困難なアンケートもあります。例えば，年度末に配布される人事希望調査票などは，自分の意向だけでなく，家族と相談する人もいます。そのような場合は，最後にもう一度回してほしい旨だけを伝え，再

度回ってきたときに回答できるように準備しておきましょう。

【アンケートや回覧板のチェック方法】

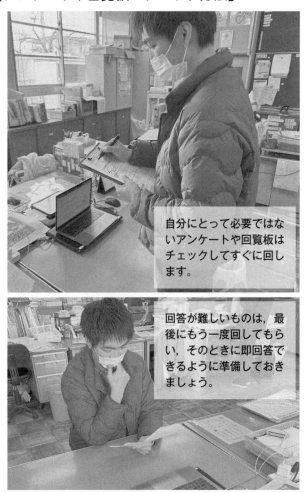

自分にとって必要ではないアンケートや回覧板はチェックしてすぐに回します。

回答が難しいものは，最後にもう一度回してもらい，そのときに即回答できるように準備しておきましょう。

学級名簿をどんどん活用する

　各学級には必ず学級名簿というものが用意されています。この学級名簿は様々な場面で活用します。ちなみに私の学級名簿の用途は次の通りです。

・年度はじめに子どもの名前を覚えるため

・テストの点数を記録するため

・宿題などの提出者をチェックするため

・体力テストや泳力テスト等の結果を記録するため

・ドリル等の合格者を把握するため

・個人懇談会などの日時希望調査票の提出者をチェックするため

・学期末の成績処理に使用するため

　こんなに便利な学級名簿ですが，**使い方を間違えると大変危険**です。**学級名簿は個人情報**だからです。ニュースや新聞等で一度は目にしたことがあると思いますが，このご時世，個人情報の流出には細心の注意を払わなければいけません。**持ち出したり，紛失したりしないよう配慮が必要**です。

　十分に配慮したうえで，学級名簿をフル活用しましょう。

仕事の効率化には，学級名簿の活用は必要不可欠です。

　下記のような学級名簿（仮）を用意しておき，提出者や合格者に○印をつけてチェックしていきます。

※この学級名簿は仮想です

番号	名前	ぞうきん	夏ドリル	自由研究	読書感想文
1	いとう				
2	かしわ				
3	くらしき				
4	こやま				
5	さかい				
6	しばた				
7	せんとう				
8	たつみ				
9	つつみ				
10	なかい				
11	にしだ				
12	はまだ				
13	ひらい				
14	ふじかわ				
15	ほうじょう				
16	まつい				
17	まつもと				
18	もりなが				
19	やすい				
20	やまだ				
21	よしかわ				

3章

飛躍の2年目

アレンジが成長を促す

始業式で欠かせない重要ポイント

　長期休業を終えて，子どもたちの学校生活はリスタートします。みなさんの中にもきっと経験がある方が多いと思うのですが，今日からいよいよ学校が始まるというときに，

「学校に行きたくないな……」

「体が重いなあ……」

「もうちょっと休みたいなあ……」

こんな気持ちになったことはありませんか？　ちなみに私は学生時代に毎年のように思っていました。教師になってからも，毎年ではありませんが，同じような気持ちになったこともあります。

　全員がそういう気持ちとは限りませんが，**子どもがこのような気持ちになることを理解しておき，それを受け止めるということは大切なことです。**

　そんな子どもたちのために，始業式で欠かせないポイントは次の３点です。

> ・「ぼちぼちいこか」と心に遊びをもたせる
> ・楽しい遊びを多めに取り入れる
> ・全員が揃っていることに喜びを感じる

車に乗るとき，アクセルを踏んで急発進を繰り返すと，燃料切れが早まることを知っていますか。これは子どもの生活にも置き換えることができます。**始業式からアクセル全開の日を続けると，次の終業式という目的地につくまでに，燃料切れどころか，故障（不登校や登校拒否）してしまう恐れがあります。**

「ぼちぼちいこか」をキーワードに，燃費のよい走行を心がけ，軌道に乗ってきたら，少しだけ加速するように心がけましょう。

また，始業式の日には，できるだけ楽しいゲームを行うようにします。重い体を頑張って動かし，登校してきた子もいます。**学校に来たすべての子に「今日来てよかった」と思ってもらえる**ように，空いた時間にゲームをし，「明日も来ようかな」と思えるような1日をめざします。

そして，何より始業式で最も大事なのは，**クラスの子どもたち全員が揃っていること**です。大きな怪我や事故もなく，1人も欠けずに揃っていたら，それだけで合格です。

『ぼちぼちいこか』（マイク・セイーラ作，ロバート・グロスマン絵，今江祥智訳，偕成社）の絵本です。始業式の日に読み聞かせをしてあげるのも効果的です。

GW明けには4月に決めたことの再確認を！

　GWまでの1か月間，学級の土台を築くために様々な取り組みを重ねてきました。しかし，GWの大型連休を挟んでしまうと，子どもたちに少しだけ気持ちのゆるみが生じます。

　大人でも大型連休が明けると，なかなか仕事モードに気持ちを戻すことは難しいです。だから，子どもたちに気持ちのゆるみが出ていても問題はありません。ですが，**いつまでも気持ちがゆるんだままでは問題です。**

　そこで，GWが明けた最初の登校日の朝の時間にやっておいた方がよい活動があります。その活動とは，**4月に決めた学級のルールを再確認すること**です。

　GWを迎えるまでの1か月間で徹底して取り組んできた学級ルールですが，GWを挟んだことで，子どもたちの記憶が少し曖昧になっていることが考えられます。もちろん，1か月間取り組んだことがリセットされているわけではありません。あくまで，取り組んできたことの再確認です。

　私のおすすめは，4月に決めた学級ルールを子どもたちと再確認する際，1つずつ黒板に記録していくことです。そして，その板書を写真に残しておき，拡大印刷して教室に掲示しておきます。そうすることで，子どもたちの心の

中に学級ルールが浸透していきます。

　下の写真は私が今年度受け持った学級で，4月に決めた**「学級の基本ルール25か条」**です。

　この掲示物は，GW明けから掲示を始め，年度を終えるまで貼り続ける予定です。**いつ・どんなときでも担任と子どもたちが基本を忘れないために**掲示しています。

　教室の中のいつも目に入るところに貼っておきます。

　どこに貼るかを子どもと相談して決めることで，学級ルールを身近に感じられるようにします。

掃除の事前指導で掃除の必要性を伝える

　学級が荒れる原因の１つに，教室の清潔感がなくなることが挙げられます。大人にも同じことがいえますが，**教室がごみやほこり等で汚れてくると，教室にマイナスな雰囲気が漂う**ようになります。

　一方，いつも清潔な教室だと，休み時間も授業中も過ごしていると気持ちいいので，**子どもたちにもプラスの雰囲気が満ちる**ようになります。

　子どもたちの学校生活において，もはや掃除はルーティンの１つになっています。しかし，どれだけの気持ちをもって子どもたちは日々の掃除に取り組むことができているでしょうか。

　「掃除という時間が設定されているから事務的に掃除している」のと，「何のために掃除があるのかという意味を汲み取ったうえで掃除に取り組んでいる」のでは，子どもたちの掃除への熱中度は大きく変わります。

　掃除上手な学級は，優しい子どもたちが多いように感じます。そして，掃除上手な学級をめざすためには，掃除の事前指導が重要です。次のページで，私の学級でのおすすめ事前指導についてお伝えしていきます。

【掃除の事前指導のイメージ図】

みんなは毎日，きれいな教室で過ごすのと，汚れた教室で過ごすのだとどっちがいいかな？

それはやっぱりきれいな教室で過ごしたいよね。

先生も同じ気持ちです。きれいな教室で学習する方が落ち着いて過ごせるし，気分もいいよね！

みんなといっしょに先生も掃除を頑張るので，毎日きれいな教室で過ごせるように頑張ろうか！

よし！　頑張るぞ！

子どもの作品の掲示物マンネリ化を防ぐ

　子どもたちは1年を通して，様々な制作活動を行います。図工の作品をはじめ，国語では書写の成果物，最近ではGIGAスクール構想がスタートし1人1台端末が導入されたので，デジタルな作品もつくられつつあります。そして，つくった作品は教室に掲示したり，またはクラウド上にアップロードしたりすることでしょう。

　4月や5月は学級がスタートして間もないので，教師も学級をよりよい雰囲気にしようとはりきって作品を掲示すると思います。

　しかし，そのやる気は継続しているでしょうか。**4月・5月にアクセル全開で掲示した掲示物が，教師の燃料切れで9月になっても貼られていることはありませんか。**

　子どもの作品を掲示することには，様々な意味や役割があります。例えば，

・学習参観や学級懇談会などで子どもの頑張りを伝える

・子どもの作品によっては季節感を感じられる

・作品のよさを子ども同士で感じられる

ですから，子どもの作品が仕上がったときは，できるだけこまめに掲示物を入れ替えるようにしましょう。特に，学習参観前や学級懇談会前は，保護者が我が子の作品を見に来るため，必ず入れ替えましょう。

　また，前述した「教室の清潔感を維持する」にも関連しますが，作品の掲示物は四隅をしっかりと画びょうでとめ，作品がはがれ落ちないように気をつけましょう。

画びょうを使って四隅をしっかりとめ，はがれないようにします。

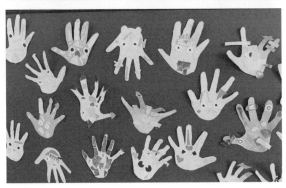

各学期ごとに成果と課題を振り返る

　キャリア・パスポートというものをご存じですか。キャリア・パスポートは，年度はじめに子どもたちが学習や学校生活，家庭での生活について目標を設定したり，その目標を達成するための方法を考えたりし，それらの記録を毎年蓄積していくものです。

　各学期末には，キャリア・パスポートを使って，その学期で子どもたちが頑張ったことや反省点を振り返る活動を設けます。

　ここで，大事になってくるポイントは次の2点です。

・年度はじめに設定した目標と現時点での自分の様子を照らし合わせること
・目標に到達するための自己分析を行うこと

　キャリア・パスポートは，子どもたちの人生をすてきな道へと導いてくれる重要なツールです。しかし，書かされているだけでは，本当の価値は発揮されません。「今，どれくらい達成しているのか」「なぜ，達成できなかったのか」「次，何を気をつけるか」という**振り返りを行ってこそ本当の価値が発揮されます。**

下の写真は私の学級で今年度使用したキャリア・パスポートの実物です。文章表記を中心に振り返ることができるようにしています。

　しかし，書く活動が難しい子どももいます。そんな子どもには，○や△など記号で振り返ることができるような手立ても有効です。

| 1学きをふりかえってみよう | 名前 |

○なりたい自分にどれだけ近づけたかふりかえりましょう。

【学習のこと】

【学校生活でのこと】

【お家でのこと】

1学期　どのくらいできたか，○をつけましょう	よくできた	できた	あまりできなかった	できなかった
① 自分の気持ちをつたえる時，友だちの気持ちも考えてつたえることができましたか？				
② クラスや友だちのために，すすんで行動したりきょうカしたりできましたか？				
③ 調べたいことや知りたいことがある時，しつ問したり，すすんで調べたりできましたか？				
④ しょうらいの夢や目ひょうに向かってがんばったり，勉強しようとしたりできましたか？				

1学き楽しかったことや，がんばったこと

2学きの自分に向けてのメッセージ

年度はじめに決めた目標と比較し，自己分析します。
質問に対して，どれくらいできたかを記号で記入します。

TPO を使い分けた指導が
できるようにする

　みなさんは，「TPO」という言葉をご存じですか。TPO
とは，ある英単語の頭文字をつなげた言葉です。

T：Time（時間）

P：Place（場所）

O：Occasion（場合）

　**この TPO を使い分けた子どもへの指導は，学級の規律
を整えるために非常に重要**です。

　例えば，みなさんは図書館という場所に行くとき，どの
ような指導をしますか。子どもたちに何も指導しなければ，
恐らくたくさんの本を目にした感動で，テンションが上が
って叫んだり，走り回ったりする可能性があります。

　ですが，町の図書館に行った方はわかると思いますが，
図書館という場所は，他の利用者に迷惑がかからないよう
に静かに読書をする場所です。

　私は**学校教育は，日常生活で発揮できてこそ価値がある**
と考えます。学校で TPO を使い分けた指導を行い，子ど
もたちが学校生活で学んだことを，日頃の生活に生かせる
ようにしていきましょう。

【TPOを使い分けた指導の一例】

<図書館でのTPO指導>

<お楽しみ会でのTPO指導>

　「この場所ではこのような表情で指導をする」「声のトーンはこれくらいで」というように，教師がTPOを使い分けた指導を行うことで，子どもに伝わりやすくなります。

新年度最初の授業開きアイデア
～国語編～

　まず，下の図を子どもたちに提示します。

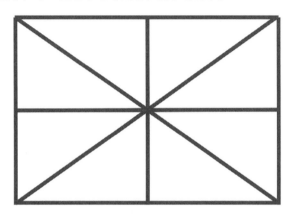

　実は，この１つの図の中に，たくさんの漢字が隠されています。どんな漢字が隠れているでしょうか。ぜひ考えてみてください。

　例えば，田んぼの「田」という字が隠れていますよね。他にも，まだまだあります。例えば，

> 一，二，三，王，米，木，平，土，口，上，円……

　とても熱中する授業開きになること間違いなしです。

　もう１つ知的でおもしろい授業開きを紹介します。次の

図を見てください。

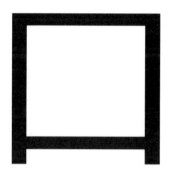

　これは四角ではなく，「口」という漢字です。それでは，みなさんに問題です。この口という漢字に２画つけたして，まったく別の漢字に変身させてください。例えば，「四」という漢字がつくれますよね。他にはどんな漢字があるでしょうか。

田，甲，由，申，目，占，古，白，台，石，右，兄，
史，号，加，旧，叶，可，句，司

　実際にやってみると，小学生で習う漢字でも案外答えられることがわかります。個人戦やチーム戦でいくつ書けるか挑戦したり，対決したりしてみるのも盛り上がります。
　ぜひ，授業開きでトライしてみてください。

出典・参考：TOSSLAND（https://land.toss-online.com/lesson/aafr2hwljay7n6se）

新年度最初の授業開きアイデア
〜算数編〜

　みなさんにミッションです。4を4つ使った式をつくり，決められた答えにしてみてください。式は，たし算・ひき算・かけ算・わり算など，どの記号を何回使ってもかまいません。もちろん（　）を使った式にするのも OK です。

①4	4	4	4	=0
②4	4	4	4	=1
③4	4	4	4	=2
④4	4	4	4	=3
⑤4	4	4	4	=4
⑥4	4	4	4	=5
⑦4	4	4	4	=6
⑧4	4	4	4	=7
⑨4	4	4	4	=8
⑩4	4	4	4	=9
⑪4	4	4	4	=10

　例えば，①の式なら，$4+4-4-4=0$という式をつくることができます。個人で考えてもよいですし，友達と協力しながら考えてもおもしろいですよ。

　続いて算数の授業開きのアイデアは，子どもが考えた答えを予知する授業です。この授業アイデアは，静岡県で30年以上続く教育サークル「シリウス」のホームページに掲

載されている教育実践方法の１つをもとにしています。

　四則計算を用いたマジックのような内容であり，子ども
たちの驚く様子が見られます。

　ぜひ，この本を読まれているみなさんも試してみてくだ
さい。

---

①「０～９の数字のうち，好きな数を２つ選んでくだ
　　さい」
　　例：７と５
②「今からみなさんが出す答えを予知して，このカー
　　ドにある数字を書いておきました。きっと，最後に
　　は先生が書いた数字と同じ数字をみなさんは書いて
　　いることでしょう」
③「選んだ２つの数字を並べ替えてできる，大きな数
　　－小さな数を計算しましょう」
　　例：$75 - 57 = 18$
④「今，出た答えで同じように，大きな数＋小さな数
　　を計算しましょう」
　　例：$81 + 18 = 99$
⑤「それでは，あなたが導き出した数字を当てます。
　　おそらくその数字は，99でしょう」

出典・参考：①シリウス／静岡教育サークル（http://sirius.la.coocan.
　　　　　　　jp/sansu/zyugyobiraki.HTM）
　　　　　　②『楽しく数学脳が鍛えられる！ワークシートで便利！
　　　　　　算数あそび101』三好真史著，学陽書房

新年度最初の授業開きアイデア
～理科編～

　3年生から理科の学習が始まります。子どもたちは「どんな学習なのかな？」と，興味や関心を抱いています。このワクワク感を大切にし，子どもたちが理科の授業を楽しいと思える授業開きをしていくことが大切です。

　そこで，今回は学校でのフィールドワークを兼ねて，「生き物ビンゴ」を行います。植物でも昆虫でも OK です。子どもたちは見つけた生き物を写真に撮ります。

　フィールドワークを終えた後，下にあるようなビンゴ用紙に生き物の名前を書いたり，写真を貼りつけたりしていきます。その後，○○小学校には，どんな生き物がいたのかを交流します。

黒色	まるい形	つるつるしている
ギザギザしている	赤色	自分の手より大きい
白色	細長い形	茶色

　もう1つおもしろい授業開きアイデアをご紹介します。準備するものは，「輪ゴム1本」。たったこれだけです。

この輪ゴム1本を両足に通し，輪ゴムを切らずに，頭まで通せるかという実験です。みなさんは，この実験，成功すると思いますか？　子どもたちは，
　「さすがに，それは無理やろ〜！」
　「そんな小さい輪ゴム1本，絶対ちぎれると思う！」
というようなリアクションがほとんどです。まるで，リアクション芸人のような反応をします。

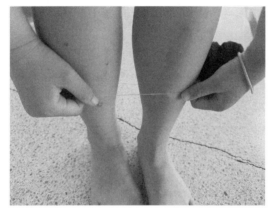

　では，試しに実験してみましょう。すると，結果は，ほとんどが成功します。（たまに輪ゴムが切れやすくなっていて，失敗することもあります）
　理科では，知的好奇心を育み，疑問をもち，それを解決していく授業を行っていくことが大切です。

出典・参考：『イラストで見る全活動・全行事の学級経営のすべて　小学校3年』丸岡慎弥編著，東洋館出版社

新年度最初の授業開きアイデア
～社会編～

　5円玉をじっくりと観察したことはありますか？

　これは有名な実践なのですが，5円玉1枚に5年生で学ぶ社会の内容がすべて詰め込まれています。

　まずは，5円玉をじっくりと観察してみましょう。

　みなさんは，どんなことを気づきましたか？

　ちなみに，子どもたちに対して授業開きをするときも，まずは5円玉を観察して気づいたことをノートやタブレットに書く活動を取り入れてみてください。

　よく観察すると，絵や模様が刻み込まれていますよね。

　実は，これが5年生の社会に関連した学習内容なのです。

　それでは，順番に解説していきます。

　まずは，5円玉の上半分に注目してみてください。農家の方が大切にされている稲の絵が描かれています。米は日本人の主食です。つまり，農業の学習をします。

　そして，「五円」とある部分に横線が複数引かれています。これは，水面を表しています。さきほどの農業と同様に，水が中心の〇〇業といえばなんでしょう？　そうです。水産業です。

　次は，5円玉の中心部分。穴があいている箇所に注目してみましょう。

何か気づかれたことはありますか？

　よく見ると，ギザギザした歯車が描かれています。これは機械の歯車です。機械を使う〇〇業といえば，工業です。車やテレビなども，すべて工業の学習に含まれます。

　このように，５円玉１枚だけでも，子どもたちが興味をもち，知的な授業が実践可能です。ぜひ，みなさんも試してみてください。

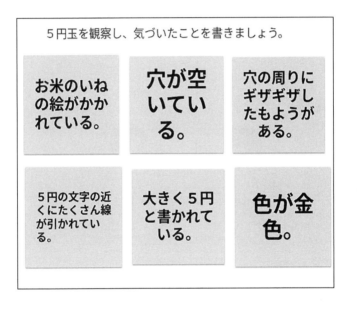

出典・参考：TOSSLAND（https://land.toss-online.com/lesson/abozgoffrlymw2sr）

新年度最初の授業開きアイデア ～体育編～

　新年度の体育の授業開きは，とにかく体を動かすことの楽しさを伝える授業開きを行います。どの学年の子どもたちでも盛り上がること間違いなしです。授業開きでなくても，通常授業の最初の活動として取り入れることもできます。ぜひ，試してみてくださいね。

【足ジャンケン】

　みなさんも一度は経験したことのある，足ジャンケンです。この足ジャンケンに1つルールを追加するだけで，とても盛り上がります。そのルールとは，後出しOKルールです。

　「ジャンケン，ポイ」のときに，より高くジャンプします。そうすることで，相手が出したものを見てから，自分が出すことができます。

【手押し相撲】

　この手押し相撲はしゃがんで行います。自分の手のひらと相手の手のひらをつけて押し合います。もちろん，押すフリをしてフェイントをかけたり，押してきたところで引いたりするのも作戦です。手かお尻が床についたら負けとなります。手押し相撲で負けた人は，手押し車をする，何色の物にタッチして戻ってくるなど，ゲーム的な要素を入れると，さらに盛り上がります。

【背中タッチゲーム】

　このゲームは3人組でします。3人でそれぞれ役割を決めます。役割は，①タッチする人，②守る人，③逃げる人と分担します。

　②の人の両肩を③の人が両手でつかみます。①の人は，「よーいどん」の合図で，③の人の背中にタッチします。②の人は③の人がタッチされないよう，相手の体に触れずにガードします。このとき，③の人の手が両肩から外れないように注意します。制限時間を決めて行うのがコツです。

研究教科を1つ決めよう！

　みなさんは，好きな教科や得意な教科はありますか？何の自慢にもなりませんが，私は1つもありませんでした。（もともと勉強ができる方ではなかったので……）

　ですが，小学校の担任をしていると，すべての教科学習を担任1人で行うことがほとんどです。もちろん，専科の先生にいくつか教科を受け持ってもらうことや，学校によっては小学校から教科担任制を導入しているところもあるようです。

　1年目は，とにかくすべての教科の授業をできるようにすることを目標に設定していました。2年目は**1年目よりも授業力をレベルアップしていきたい**ものです。

　そこで，**年度はじめに自分でどれか1つ，研究する教科を決めてみましょう。**教科を決めたら，今年1年はその教科の授業に**他の教科授業よりも，ほんの少しだけウエイトを置いて教材研究する**ように心がけます。

　1つの教科の研究を1年じっくり続ければ，それなりのスキルや知識が身についてきます。そして，1年続けることで，選んだ教科の授業に少しだけ自信をもてるようにもなります。翌年は研究教科を違うものに変えてもよいですし，引き続き同じ教科の研究を続けてもよいでしょう。

毎年１つ研究教科を決めたことで，私が実感したメリットがあります。

　・その教科の授業をする時間が自分も子どもも楽しみになった
　・１年続けたことで短時間の準備なのに，それなりの質を保った授業を行えるようになった

　研究教科を決めることは，授業のレベルアップにつながり，最低限の授業準備で授業の質も保てるため，コスパもよくなります。

学級目標や個人目標を決めよう！

　学級にとっても，個人にとっても，目標を立てることは
とても大切なことであると私は思っています。明確な目標
をもち，日々の生活で取り組める人は，どの時代でも活躍
できる人です。

　例えば，イチロー選手は小学生時代に，将来はプロ野球
選手になることを宣言しています。

　また，本田圭佑選手も同様に，ワールドカップに出場す
ること，セリエAで10番をつけて活躍することを宣言して
います。

　どちらの選手も有言実行で夢を叶えた2人ですが，2人
の選手には共通点がありました。その共通点とは，**明確な
目標達成のために，「これから何をすべきか？」「今は何が
できるのか？」と逆算し，プランニングしていること**です。

　今の時代，おそらく知らない人はいないであろう，大谷
翔平選手は，マンダラチャートという図を使い，目標達成
のための具体的な方策を可視化しています。

　当然ですが，**目標は決めるだけでは達成することはでき
ません。**その目標達成に向けて，少しずつ自分でアプロー
チ（具体的な方策のもと行動する）をしたり，そのアプロ
ーチがズレていたら修正したりを繰り返すことで，達成に

近づいていくのです。

　子どもたちがこれまでよりも成長できるように，個人で目標を立てたり，学級で１つの学級目標を立てたりしてみてはいかがでしょうか。

学級目標フラッグを教室に掲示することで，いつでも目標を意識することができます。

目標達成のためにすること①	目標達成のためにすること②	目標達成のためにすること③
目標達成のためにすること④	達成したい目標	目標達成のためにすること⑤
目標達成のためにすること⑥	目標達成のためにすること⑦	目標達成のためにすること⑧

　さあ，マンダラチャートを使い，目標達成のためにプランニングしてみましょう。

指導書の授業をアレンジしよう

　「守破離」という言葉をご存じでしょうか。詳しい意味を調べてみると，守破離とは，

> 　日本の茶道や武道などの芸道・芸術における師弟関係のあり方の1つであり，それらの修行における過程を示したもの。

もっと簡単にかみくだいて要約してみます。

> 「守」：教わった型通りに行うことができるように徹底
> 　　　　的に修行すること
> 「破」：自分に合ったよりよいと思われる型を模索し試
> 　　　　すことで，既存の型を少しずつ破っていくこと
> 「離」：既存の型にとらわれることなく，型から離れて，
> 　　　　新たなものを開発すること

　これらは，授業にも置き換えることができます。指導書通りの授業を徹底的に行い，授業の型を身につけることが「守」の段階です。

　そして，指導書をもとに，少しずつ自分に合った，また，

子どもに合った授業にアレンジしていく段階が「破」です。2年目からは，少しずつ「破」を意識した授業を行っていきましょう。

例えば，指導書に2枚のポスターを比較するような授業があったとします。指導書の流れは，2枚のポスターを比較し，気づいたことをノートにまとめる活動です。

それでは，この学習活動を少しだけアレンジしてみます。ノートにまとめる活動でタブレットを使い，気づいたことはベン図にまとめるようにします。ベン図とは2つのものの共通点や相違点を考えるときに役立つツールです。

活動の流れは指導書と大きくは変わりませんが，「クラスの子どもにとってはこっちの活動の方がいいかもな」「この活動の方が効果的かもしれない」というように，目の前の子どもの実態に応じて，学習活動を少しアレンジしてみましょう。

このように，**少しずつ目の前の子どもを想定した授業へとアップデートしていくことで，教師自身の授業力もアップデートしていきましょう。**

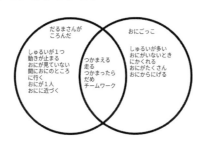

子どもの思考や反応を予想しながら授業づくりを！

　授業を組み立てるうえで，大事なことの1つに，「子どもの思考や反応を予想すること」があります。子どもの思考や反応を予想せずに授業を組み立てたり，授業を行ったりしてしまうと，教師の独りよがりや自己満足で終わってしまいます。

　授業の主役は，もちろん子どもであり，教師はファシリテーターです。教師がやりたいことだけやって，子どもを置き去りにしているようでは，決してよい授業とはいえません。

　「このクラスの子だと，こんなふうに考えるかな？」

　「この発問だと，子どもはこう返してくるかな？」
というように，目の前の子どもたちが学習している様子を想定して授業を考えることはとても重要なことです。

　もちろん，**予想通りの反応が返ってくるときもあれば，全然違った反応が返ってくることだってあります。だからこそ，おもしろい**のです。すべての反応がわかっていると，きっと授業のおもしろさはなくなると思います。

　次のページの図は，私が授業を考えるときにかくイメージ図です。これはPCでつくっていますが，手書きで，メモ程度でも十分です。ぜひ参考にしてみてください。

【子どもの思考の流れを予想した図】

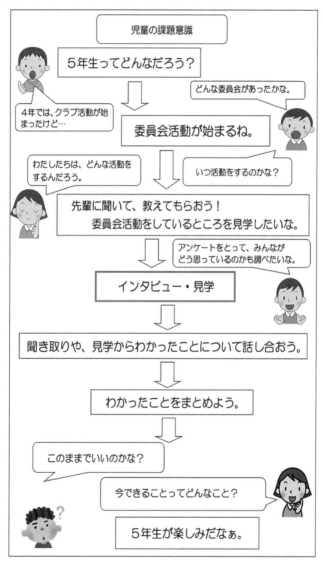

児童の課題意識

5年生ってどんなだろう？

4年では、クラブ活動が始まったけど…

どんな委員会があったかな。

委員会活動が始まるね。

わたしたちは、どんな活動をするんだろう。

いつ活動をするのかな？

先輩に聞いて、教えてもらおう！
委員会活動をしているところを見学したいな。

アンケートをとって、みんながどう思っているのかも調べたいな。

インタビュー・見学

聞き取りや、見学からわかったことについて話し合おう。

わかったことをまとめよう。

このままでいいのかな？

今できることってどんなこと？

5年生が楽しみだなぁ。

テストは
即採点・即記録・即返却を！

テストの採点や点数の記録，返却はなるべくテストを実施した時間内に行うようにしています。その理由として，次の2つがあります。

・放課後に採点を行うと，残業時間が増えるため
・早く返却する方が子どもの学習に効果的なため

メディアでもご覧になったことがあるかと思いますが，教師の放課後は結構忙しいものです。**会議があったり，職員作業があったり，子どもや保護者の対応が入ったりすることも少なくありません。**

それらが終わってからテストの採点を始めようとすると，ほぼ確実に残業になることでしょう。

また，極力残業を少なくしたいということの他に，**できるだけ早くテストを返却する方が子どもの学習に効果的だということもあります。**子どもは時間が経てば経つほど，テストの点数にしか注目しなくなります。しかし，**本来テストは今の自分の学習理解度を把握するためのものです。**早く返却すると，子どもの記憶が鮮明なうちに間違った箇所に気づき，やり直しをすることができます。

【テストを即採点・即記録・即返却する方法】

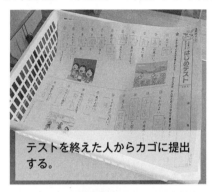

テストを終えた人からカゴに提出する。

提出されたものから次々に採点し，点数を記録していく。

記録が終わったテストから返却し，間違い直しをする。

休み時間以外のムダな空白の時間は NG

「脳が疲れるくらい考える授業がいい授業だ」これは私が初任の頃に教わった，今でも心に残っている言葉の1つです。どういうことかというと，何も考えていないムダな空白の時間をつくってはいけないということです。

もし，みなさんが子どもで，授業中に何も考えない空白の時間ができたとき，どんなことを思いますか？

「今日は帰ったら，ゲームをしようかな」

「放課後は○○さんと遊ぼうかな」

というような授業とはまるで関係ないことを考えてしまうのではないでしょうか。でも，子どもだから楽しい方に流れてしまうのは当然ですよね。だからといって，それらをよしとしていては，子どもたちに学習する力や考える力は身につきません。

子どもたちに空白の時間をつくらないために，3つのスモールステップがあります。

・教師が何をするのかを明確に伝えておく

・教師が選択肢を与えて子どもが選ぶようにする

・子どもが自らの力で考えて動く

まずは，教師が子どもたちに対して，「この通りに進め
ていく」という指示を出し，それらを進めていけることが
ファーストステップです。

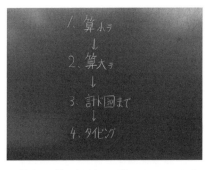

**教師が何をする
のか指示する**

　教師の指示通りに進められるようになったら，セカンド
ステップはいくつか選択肢を与えて，その選択肢から子ど
もがするべきことを選ぶようにしましょう。

**子どもが選択肢
の中から選ぶ**

　セカンドステップが確実にできるようになれば，サード
ステップは，教師は何も選択肢を与えず，子どもが自らの
力で何をするのかを判断します。

　焦らず，１つずつステップを踏みながら，子どもたちが
空白の時間を有意義に使えるように育てていきましょう。

運動会での演技・競技の指導ポイント

　教師経験の11年間のうち，10年間は団体演技（ダンスやフラッグ，組体操など）の指導をメインで行っていました。10年間の団体演技の指導の経験から，子どもたちが「怠けず練習に取り組むにはどうすればよいか？」「すばやく振りつけを覚えるにはどうすればよいか？」4つのコツを発見しました。さて，そのコツとは，

- ・練習にメリハリをつけること
- ・テンポよく，反復指導をすること
- ・カウントだけでなく，言葉でも例えること
- ・振りつけの動画を撮影すること

　叱る・ほめるというメリハリもありますが，ここでは，活動のメリハリを紹介します。基本的に演技指導は立って行うと思うのですが，ずっと立ちっぱなしだと疲れてきて，集中力が切れてきます。

　そこで，「全員で立って練習」「半分のチームだけ立って練習」というように，**メリハリをつける**のです。座っているもう半分のチームは休憩ではなく，片方のチームを見て，よい動きを探す活動の時間にします。

テンポよく反復指導をすることで，子どもたちが短時間でたくさん振りつけの練習をできるようにすることも大切です。練習では，カウントを声に出して数えながら，振りつけ指導をしていきます。しかし，低学年（特に１年生）は，カウントだけで覚えることが苦手な子が多いです。

　実は，**低学年の子たちのためには，数字のカウントだけでなく，言葉で例えてあげることが効果的**です。例えば，「１・２・３・４」のカウントで，その場でぐるっと一回り，「５・６」のカウントで，体を縮めてしゃがみ，「７・８」のカウントで，立ち上がって両手を大きく上に上げる振りつけがあるとします。

　もし，私が指導するなら，「ぐるっと回って（１・２・３・４のリズムで）」「うーん（５・６）」「パッ！（７・８）」というように言葉で表現します。

　一通り，すべての振りつけの指導が終了したら，あとはひたすら練習して，振りつけを覚えるのみです。そんなときに役立つのが，振りつけの動画です。運動会練習の時間以外でもこの動画があるだけで，**自主的に練習に励む子も出てきます。**

遠足の下見は最低限
ここは押さえよ！

1年目の遠足の下見は，初任者という肩書きから，先輩教師に助けてもらえるでしょう。しかし，2年目に突入したら，1年目と同じように「何もわかりません。どうしたらよいでしょうか？」という姿勢では困ります。

ましてや，1学年1クラスしかない単学級なら，1年目から自分の学級のことはすべて自分で責任をもって務めなければならないのです。そこで，2年目の遠足の下見のとき，意識してほしいポイントは次の3点です。

・学校から遠足先までの交通ルートの確認

・遠足費の金額チェック

・遠足先でのトイレやお弁当，遊ぶ場所の確認

まず，交通ルートの確認で，とにかく大事な考え方は，**自分が先頭に立って歩くという意識をもつこと**です。先頭に立つと，自分より後ろに並んでいる学級は，すべて自分の歩くルート通りについてくることになります。そうなると，「どの道を通ると安全か？」「この道は細いから歩くとき列を少なくしないといけないな」など，様々なことを想定しますよね。他人任せではなく，自分ごととして考える

ようにしていきたいものです。

　次に，遠足費の金額チェックです。**遠足に行くと，交通費や施設利用費，療育手帳をもっている子は通常費用から割引など，様々な費用が必要**になります。そして，これらの費用は学年会計等にも絡んできます。すでに前述しているように，会計は1円たりともズレは許されません。きちんと精算できるように金額を把握しておきましょう。

　最後に，トイレやお弁当，遊ぶ場所のチェックです。次のような見方でチェックしてみましょう。

　「どこのトイレに行く方がよいか？」

　「トイレの数は足りそうか？」

　「どこでお弁当を食べられそうか？」

　「万が一，雨が降ってきてもすぐに避難できそうか？」

　「遊ぶ場所は安全か？」

　「遊ぶ場合，どのような遊びならしてもよさそうか？」

　「遊ぶ範囲はどこまでにしようか？」

　下見から帰ってきた後，手書きのメモだけでは，「あれ？　どんな場所だったっけ？」と忘れてしまいがちです。そこで，これらのような場所を点検した後，**写真で残しておくことがおすすめ**です。写真を撮影しておけば，**遠足の事前指導の資料にも活用**でき，一石二鳥です。

書類と PC フォルダの
整理をしよう

　効率よく仕事が進まない要因の１つは，間違いなくものやデータの整理力や管理力の低さです。

　整理力や管理力が高い人と低い人とでは，探す時間に雲泥の差が生じます。**整理力・管理力が高い人は，探す手間がないので，生み出した時間を他のことにあてることができます。**

　基本的にはペーパーレスがおすすめですが，もし，書類で整理する場合，クリアファイルを用意します。クリアファイルに，①会議資料，②学年，③校務分掌と記入したインデックスのラベルを貼り，種類ごとに整理します。

　データで残す場合も同様に，PC 内にフォルダを作成しておき，保存する際はフォルダに整理していきます。

　アンケートや回覧板と同じで，ものの整理も後回しにすればするほど，机上にものが山積みになっていきます。（山積みが限界になれば，紙の雪崩が起き，重要書類を紛失するという事態も発生しかねません）

　また，「書類や PC フォルダで整理するほどでもないし，かといって捨てると後々困りそうだな」と感じる一時的に必要なものは，スマホ等で写真に残しておきましょう。必要がなくなれば消去すればよいのです。

一時的に必要なモノは写真で残します。必要がなくなれば即消去します。

何でもかんでも整理するのではなく，捨てることも整理力には重要です。

提案案件は質より
締め切りを守ることが大事

　校務分掌によっては若手の先生でも，職員会議の案件を
作成し，提案することがあります。はじめて案件を作成す
る場合，

　「職員会議の案件ってどうやってつくるの？」

　「見る文字すべて暗号にしか見えない……」

　「学級のことで頭がいっぱいで，案件なんかつくれるの
か？」

　きっとこのような気持ちになるのではないでしょうか。

　はじめて案件を作成するときに大事なキーワードは，次
の2点です。

　・例年通りの案件でもいいからとにかく提出する

　・案件の質を考えるよりも，とにかく締め切りを守る

　若手の先生は1年の学校行事の見通しが立っていないの
に，「今年はこういうふうに行事を変えていこう」と提案
するのは，さすがに無理があります。

　それに，若手の先生が案件の質を高めることはほぼ不可
能です。**質は経験を積むことで高まっていくもの**です。そ
れよりも**重要なのは締め切りを守り，会議で予定通り案件**

を提案することです。

　下図は，**会議の案件を作成及び提案するまでの流れを示したフローチャート図**です。こちらのフローチャート通りに行えば，私の経験上ほとんどの案件が一発で通ります。

　もし，みなさんがこれから提案しようとしている案件がある場合，前年度に同じ分掌を担当していた人がいるはずです。ぜひ，その人の力も借りるようにしましょう。

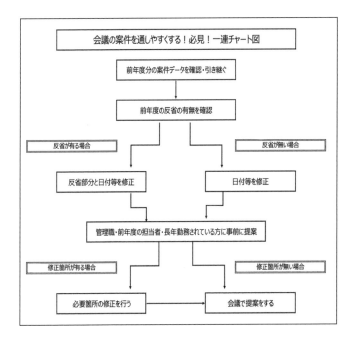

学年だよりは前年度の テンプレを参考に！

　毎月学年だよりを保護者に配布します。学年だよりは，各学校によって記載する内容に多少ばらつきはありますが，主に次のようなことを記載します。

・季節の言葉

・今月の学習単元

・今月の行事予定

・集金額や集金日

・行事に関連することやその他の伝えたいお知らせ

　これらの学年だよりを，毎月ゼロから作成するとなると，とてつもなく時間がかかります。そんなことをする必要はありません。

　学年だよりは前年度のものがきっとデータで残っているはずです（次の担任のためにも絶対残すべきです）。**前の学年だよりを，今年度版に書き換えていけばよい**のです。

　私が保護者の立場だったら，毎月デザインがリニューアルされる新しい学年だよりよりも，**とにかく読みやすいものがよい**です。使えそうなものは使いまわしましょう。

アップデート

～7月号～

2学期につながる振り返りを！

　この3ヶ月で、子どもたちはすっかり新しい学年の生活にも慣れ、3年生らしく元気に過ごすことができました。7月は1学期のまとめをする大切な時期です。今学期の学習や生活を振り返りながら、夏休みに向けて、見通しを持たせる学習や、活動をしようと考えています。

　ご家庭でも1学期の振り返りを話題にして頂き、励まして頂くようお願いします。

7月行事予定

　4日（月）児童朝礼
　　　　　まなびんぐ
11日（月）まなびんぐ
14日（木）個人懇談会　**13時下校**
　　　　　短縮授業開始（19日まで）
※短縮期間中は個人懇談会の日を除いて、
　すべて13時10分下校です。
15日（金）個人懇談会　**13時下校**
18日（月）海の日
19日（火）1学期給食最終日
　　　　　まなびんぐ
20日（水）終業式　**10時40分下校**
　　　　　ルリビタキ号来校
21日（木）夏季休業開始
　　　　　※8月5日登校日
　　　　　※8月26日2学期始業式

7月の集金

　7月の集金額は、1904円です。引き落としの際、**手数料として10円が必要**となります。

　学級教材費：1300円
　遠足電車代：304円
　PTA会費：　300円
　合計：1904円

　引き落とし日は、7月1日（金）です。残高確認をよろしくお願いいたします。

お知らせとお願い

○14日（木）、15日（金）に個人懇談会があります。10分程度の短い時間ではございますが、有意義な時間にしたいと思います。懇談の時間は後日お知らせします。

○1学期の短縮授業は14日（木）からです。短縮授業期間中は、給食後に下校を開始します。

○7月21日（木）から8月25日（木）までが夏休み期間となります。また、8月5日（金）は登校日となっています。手提げバッグに筆記用具を入れ、8時25分までに登校をお願いします

　今年度の行事予定表を見ながら書き換えていきます。集金額と引き落とし日はお金が絡むため，要チェックです。

タブレットを有効活用し，
時短につなげる

　私が教師になったとき，授業における学ぶツールは教科書とノートが一般的でした。幸いなことに，私は初任校からICT教育の推進校に勤められたこともあり，教科書・ノートにプラスアルファでタブレットを使うような状況にすでにありましたが，タブレットは学校に限られた数しかありませんでした。だから，タブレットを使いたい授業が他の学年と重なってしまったら譲り合い，タイミングよく使えないこともありました。

　それに，使えたとしてもネットワーク環境が不安定で，タブレットがフリーズするなど，とても快適に使える状況ではありませんでした。

　だから，ほとんどの教師は，

　「タブレットを使って学習するよりも，教科書やノート，ワークシートをつくって学習する方がやっぱり便利だ」

というような思考にたどりつくのです。

　けれども，あれから11年。今の子どもたちの学習環境はいかがでしょうか。新型コロナウイルス感染症を機に，急速にGIGAスクール構想が進みました。1人1台端末が配布され，ネットワーク環境もほぼ快適な状況です。**これまで教科書・ノートが学びのメインツールだったのに対し，**

タブレットがメインツールで，教科書やノートがサブツールになりつつあります。

　私の学級では，タブレットを使わない日がないですし，タブレットがなければ，もはや学習が成り立たないくらいにまでなっています。

　そこで，一体何が言いたいのかというと，タブレットを使わないと，もったいなさすぎるということです。**タブレットを使うことは，子どもの学びを充実させるとともに，教師の仕事の時短にもつながります。**

　これまで紙のワークシートを使おうとすれば，まず，原本のワークシートを作成し，それを製版＆印刷して配布していました。しかし，タブレットを使うと，画面上で作成したワークシートのデータや URL を配信するだけで子どもが使えるようになります。

　２ステップ，３ステップも手間を削減できるのです。そして，削減して生み出した時間を他の時間にあてることができます。

　これから先の未来，子どもたちが社会を生き抜いていくうえで，このような端末を使いこなすことは必然になってくるでしょう。11年前やそれよりも前の時代の教育とは，もはや違います。そのとき，自分が受けていた教育だけをゴリ押しして今の子どもたちに授けても，子どもたちは生き抜いていけないのです。ぜひ，考え方をアップデートしましょう。

【紙のワークシートを使うときのステップ】

①印刷するためのワークシートの原本を作成

②印刷用紙をセッティングする

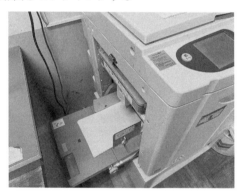

③製版して印刷。その後，子どもたちに1枚ずつ配布

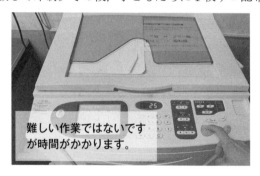

難しい作業ではないです
が時間がかかります。

【タブレットでワークシートを使うときのステップ】

①デジタルワークシートの原本を作成

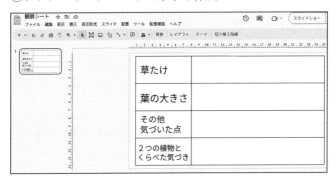

②作成したデータを添付して配信して終了

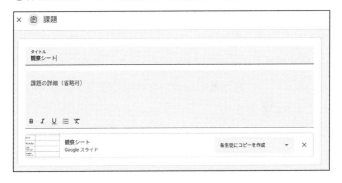

　紙のワークシートを子どもたちが使えるようになるまでに比べて，デジタルの方が圧倒的に手順が少なく，効率的です。

効率よく仕事を処理しよう
～テトリス仕事術～

　学級担任を受け持った1年目は，学年や学級の仕事，校務分掌などの仕事も含め，すべてがはじめてで，おそらく効率よく仕事を処理できなかったことでしょう。

　ですが，2年目に入ると不思議なことに，少し気持ちに余裕が生まれます。そのため，

　「この仕事は，時間がかかるから少しずつ進めておいた方がよさそうだな」

　「去年，この仕事に時間がかかったけれど，今年はサクサクと進められそうだ」

　「緊急性はないから，これは後回しにしよう」

というように，昨年度の経験から仕事の優先順位を決められるようになります。

　メディアでもたびたび取り上げられているように，教師の仕事量は多いですし，残業時間も多いです。ですが，この残業時間は確実に減らすことができます。

　どうすれば減らせるのか，ポイントは2つです。

---

　① ToDo リストの可視化

　②判断力を身につけ，仕事に優先順位をつける

テトリスを思い浮かべてみてください。うまく処理していかないと，ブロックが山積みになっていき，どんどんたまっていくと，気持ちに余裕がなくなってきますよね。（テトリスの長い棒を一気にストーンと落として，一気に消す作戦もありますが，あれは仕事の場合，通用しません）

　つまり，**降ってきた仕事をすぐに処理してなくすか，ゲームオーバー**にならない程度に，**ほんの少しだけ後回しにするか，その判断力が大切**なのです。

　また，いつ・何の仕事を処理するのかを忘れないためにToDoリストを作成しておくことも大切です。期限までにやるべき仕事を忘れてしまうと，他の人に迷惑がかかります。付箋やノートなど，何でもOKです。**いつでも目の届くところに，やるべきことを可視化して表示しておきましょう。**

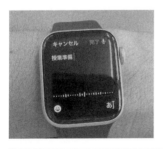

スマートウォッチのリマインダー機能を使うのもいいですよ。

○出席簿入力
○指導案作成
○授業アンケート職員室へ
○教材屋に電話，会計帳簿に入力
○懇談会のプリント印刷

スマートフォンのメモ機能を使えば，手軽にすばやくメモできます。

ほんの少しの挑戦をしてみよう！

　教師としてレベルアップするためには，校務や研修等で学んだことをインプットするだけでなく，それらをアウトプットしていくことが大切です。

　1年目の教師生活は慣れないことが多くて，もしかすると多忙な日々を送っていたかもしれません。しかし，そんな中でも先輩教師のアドバイスや研修などから学んできたことがあるはずです。

　学んだことを内に秘めている（インプット）だけでは，宝の持ち腐れです。**真の学びのためには，どんどん現場で発揮（アウトプット）していくことが重要**です。

　みなさんの学校にも，中堅やベテランの教師がいるはずです。そんな教師が，1年目の教師と同じ学級経営をしていたり，同じ授業レベルだったりということは，まずありえないですよね。

　なぜなら，どの教師も，毎年ほんの少しの挑戦を重ねてきているからです。**挑戦を重ねることで，教師レベルは確実に上がっていきます。**

　授業や学級経営，校務分掌など，どんなことでもかまいません。「いいな」「おもしろそうだな」と思ったことを取り入れ，どんどんレベルアップしていきましょう。

【授業の発表をレベルアップをしたい場合】

　発表に関するスキルアップ研修で学んだことについて掲示物を作成し，教室で活用しています。

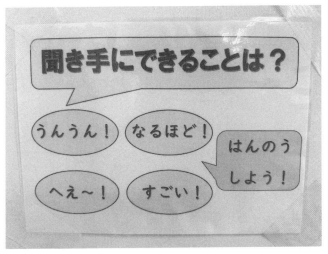

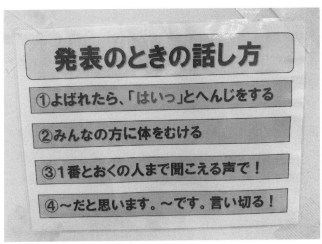

担当する学年の1年を見通そう！

　学級担任をしていると，1年で様々な学校行事に参加することになります。以前は，新型コロナウイルス感染症の関係で学校行事も自粛や制限を設けて実施していましたが，社会情勢も落ち着きを取り戻し始めたことにより，徐々に学校行事も以前のように戻りつつあります。

　ちなみに，どのような行事があるのかというと，大きなメインの行事は，遠足に社会見学，出前授業，学習参観，運動会，卒業関連行事などです。

　現場での感覚で話をすると，新型コロナウイルス感染症による数年間の影響により，行事に関しての準備の危機感が薄いように感じています。それもあり，**行事が近づいてきたら焦って準備を始めて，教師が落ち着かない姿も多々見られます。**

　このような事態を未然に防ぐためのとっておきの方法は，**担当学年の過去の学年だよりを1年分用意しておくこと**です。学年だよりには，必ず行事予定が記載されています。主要な学校行事は事前に確認・把握しておき，スケジュール等に記入しておきましょう。

　先を見通し，計画性をもつことで，日頃から余裕をもって，校務に励むことができます。

【１年分の学年だよりのデータを入手しておく】

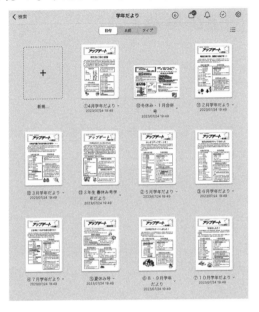

【紙で１年分ファイリングしておくのもよし！】

少しずつ仕事を引き受けて
信頼関係の構築を！

　「まだ，1年目だから仕方ないよな」
という理由から，校務分掌や学年の仕事を先輩教師が引き受けてくれていたと思います。（見えないところでかなり動いてくれている場合もあります）

　たしかに1年目は，まずは1年の仕事の流れを覚えることはとても大切なことです。

　しかし，いつまでも先輩教師におんぶに抱っこのままでよいのでしょうか。今，教師の世代はどんどん若返っています。数年後には，担当する学年に必ず後輩教師が入ってきます。

　それなのに，1年目と同じ働き方しかできなかったら困るのは目に見えてますよね。それに，教師経験が中堅レベルなのに，1年目と同じ働き方では学校や学年の歯車が噛み合わず，組織がうまくまとまらなくなります。そうなってしまうと，どんどん信頼関係がなくなっていきます。

　まずは，**できる仕事から少しずつ引き受けましょう**。例えば，配布プリントの印刷や備品のチェックなど小さなことからで十分です。とにかく，**1年目よりも動けるようになったなと相手に思ってもらえることが大事**です。信頼関係を構築し，働きやすい環境をつくりましょう。

【1年目よりできることを増やそう！】

<プリント印刷を率先して引き受ける>

<道具の準備を率先して引き受ける>

　まずは，どんな小さなことでも OK です。

　1年目の「言われたことだけする」レベルから，少しだけでも「自分から仕事を引き受ける」レベルまで引き上げましょう。

他の先生の授業や学級を見せていただく

　私は教師になって1年目の頃，学級担任ではなく，少人数指導の担当でした（T2担当のようなもの）。憧れてなった教師という職業。それなのに，学級担任をさせてもらえなかったことに対し，

　「なんで，学級担任じゃないねん」

　「担任をしたかった」

そんな悔しい思いを抱いていました。

　しかし，今，改めて思うことは，1年目のときに学級担任でなくてよかったということです。このような前向きな気持ちになれたのは，**少人数指導の担当になったことで多くのメリットを感じた**からです。

　少人数指導の担当になったことにより，毎日様々な学年・クラスに入る機会がありました。そこで得られたメリットとは，

・たくさんの先生の授業の工夫や流し方を見られる

・学級を受け持った場合の1日の過ごし方がわかる

・たくさんの先生の学級経営を学べる

・少人数指導の担当として授業を行える

学級担任として1日を過ごすとなると，大半の時間は授業時間です。大学を卒業したばかりのピカピカの新任教師でも，学級を受け持ったら毎日授業をしなければなりません。あの1年間でたくさんの授業を見たり，授業をしたりした経験は本当に大きかったと思っています。

　とはいってもこのご時世，全国的に教員不足問題に悩まされています。新任で学級担任を受け持つことは，必然かもしれません。

　日頃の校務が忙しく，なかなか時間はないかもしれませんが，**少しでも時間ができたら先輩教師の授業や学級経営の仕方，学級掲示物など，いろいろなテクニックを盗ませてもらうのがよいです。**

・先輩教師はどのように授業を流しているのか？

・子どもをひきつける手立ては何か？

・子どもにどのような声かけをしているのか？

・学習規律を保つためにどのような工夫をしているのか？

・学級や授業に効果的な掲示物はないか？

　見て盗むだけでは自分のモノになりません。**自己の成長にはインプット・アウトプットが重要です。**他の先生から見て学んだこと（インプット）を自らの学級で実践（アウトプット）することで，自己のスキルアップにつながっていきます。

自己投資や SNS を活用し
スキルアップを！

　みなさんはお金をどんなことに使っていますか。娯楽費や交際費，通信費など人によって使用用途はそれぞれ違いますよね。

　私も上記のように使うこともありますが，**教師としてのスキルアップのために，自己投資の費用にも毎月あてるようにしています。**

　その費用で，教育書や自己啓発本を購入して読んだり，セミナーに参加して学んだりしています。

　例えば，自己投資の費用を月々1万円に設定したとします。みなさんは，この1万円の価値をどう感じますか。

　「1万円なんて高いし，そんなのもったいない」

　「1万円でスキルアップするなら安いもんだ」

　この質問に明確な答えはありません。しかし，私は後者を選びます。なぜなら，**月々1万円の自己投資をすることで教師としてスキルアップすることはもちろん，校務の時短術を学べれば，早く退勤できて，プライベートで充実した時間を過ごせるようになるからです。**

　それでも，費用をあてることが難しい場合は，**SNS を活用**してみてください。様々な有益な情報を全国の先生が発信しています。そこから学ぶことも方法の1つです。

【教師としてスキルアップをする方法】

①教育書や自己啓発本を購入して学ぶ

　自分にとって読みやすく，必要だと思う書籍を選んで読みましょう。

②セミナーに参加して学ぶ

　休日等を生かしてセミナーに参加することで，全国で活躍している先生の実践から学べます。

③SNS を活用して学ぶ

　「Instagram」「Threads」「Voicy」など，無料で教育情報を収集できるアプリはたくさんあります。ぜひ，こちらの QR コードをスキャンしてみてください。

4章

チャレンジの3年目

様々な活動を充実させる

春休みの間に新年度の準備を進める

　新年度に少しでも気持ちに余裕をもって校務に取り組むためには，**春休みの過ごし方が重要**です。

　私は毎年，春休みに入ると，次のような事前準備を進めています。

・今年度の学級経営の振り返り

・次年度の学級経営の方針決め

・１人１当番のマグネット札づくり

・黄金の３日間の予定決め

・次年度に使いたい学級掲示物の作成

・文房具類の補充

・教育書やSNSで使えそうな情報を収集

・番号シールの準備

　これらの仕事を春休みの間に進めておくだけで，**新年度の準備時間を大幅に短縮する**ことができます。

　事前にできることは極力進めておきましょう。新年度が始まると多忙な日々がスタートします。

　そんな状況でも，**できる限り早く帰宅するために，春休みに新年度のための貯金をつくっておきましょう。**

【春休みにできる仕事の例】

番号シールを事前に準備しておけ
ば、新年度は貼るだけですみます。

1人1当番の札やネームプレート
も春休み中に準備しておくとよい
です。

席替えは友達のよさを知る
チャンス！

　みなさんは子どもの頃，席替えは好きでしたか？　嫌いでしたか？　私は，正直なところ席替えは嫌いでした。ある日，席替えをしたとき，隣の席の女子に「え～。○○が隣かよ～」と言われたことがショックで，それ以来，席替えをすることがトラウマになりました。

　そんなトラウマがある自分が，今，教師として働いており，学級活動の１つとして席替えをすることがあります。

　子どもたちには，過去の私のように席替えで嫌な思いをしてほしくないと心から願っています。

　席替えは本来，楽しいものだと認識しています。子どもの頃の私は残念ながら，本来の楽しさを認識できていませんでした。

　席替えには，３つのメリットがあります。

　・友達の新たな一面を発見できる
　・席替えをすると，新鮮な気持ちで学習に向き合える
　・学級のマンネリ化を予防できる

　この３つのメリットの中でも，私が特に伝えたいポイントは１つ目についてです。

席替えをすると，ペアやグループのメンバーが変わります。自分と仲がよい子といっしょになる可能性もありますし，普段あまり関わらないような子といっしょになる可能性もあります。

　このとき，普段関わりが少ない子とペアやグループになると，ラッキー（ポジティブ思考）です。なぜなら，**友達の新しい一面を発見できるチャンス**だからです。

　「○○さんってすごく作文が得意なんだな」「△△さんってとっても優しい人なんだな」など，席替えをして同じペアやグループになって感じることは多々あります。

　席替えは友達のよさを知るチャンスです。そこで，次の席替えの前に，**メッセージカードで友達のよさを伝えましょう**。きっと毎回の席替えが楽しみになるはずです。

ありがとうカード
（　　　　　）さんへ
～Thank you～　　　　　　　　（　　　　　）より

▲共に学んでくれたペアやグループの友達に感謝の気持ちを伝えるメッセージカードを書いて渡します

普段から保護者に子どもの頑張りをこまめに伝える

　保護者は自分の子どもが学校でどのように過ごしているのか，とても気になっていると思います。私の息子は，まだ２歳と４歳でどちらもこども園に通っているのですが，「１日どのように過ごしているのだろうか」「友達と仲良く過ごしているのかな」など，毎日気になることだらけです。

　それに，保護者にとって，直接子どもの様子を見る機会は，学習参観や運動会といった行事くらいしかありません。

　そこで，**日常的に保護者に子どもの頑張りを伝えるようにしています**。子どもの頑張りは大きなものでなくてかまいません。保護者は我が子が頑張っている様子を聞けることが何よりうれしいですし，学級に対しての不安がやわらぎ，安心材料にもなります。

　しかも，普段から保護者に子どもの頑張りを伝えることで，「あの先生は子どものことをよくほめてくれる」と，**保護者の信頼も得ることができます**。

　決して毎日伝える必要はありません。ちょっと時間があるときや，保護者と会ったときに伝える程度で十分です。ぜひ，実践してみてください。

【電話で保護者に伝える場合】

「今日，○○さんが授業の中で自分の考えをみんなの前で発表して頑張っていましたよ！ ぜひ，ご家庭でもほめてあげてくださいね！」

【一筆箋で保護者に伝える場合】

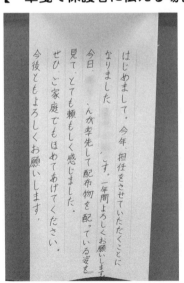

はじめまして・今年，担任をさせていただくことになりました。一年間よろしくお願いします・

今日，○○んが率先して配布物を配っている姿を見て，とても頼もしく感じました。

ぜひ，ご家庭でもほめてあげてください・

今後ともよろしくお願いします・

なかなか電話に出られないこともあります。そんなときは，一筆箋を子どもに持って帰ってもらい，保護者に渡してもらいます。

暑中見舞いや年賀状で子どもとの つながりを！

みなさんは子どものときに，学校の先生から暑中見舞い
や年賀状をもらった経験はありますか？ 私は小学校４年
生のときに，担任の先生がとてもきれいな字で書いたハガ
キを送ってくれたことを今でも鮮明に覚えています。

今から20年以上も前の話ですが，これだけの年月がたっ
たにもかかわらず今でも覚えているということは，子ども
のときの私にとって，それだけ思い出深い出来事だったの
でしょう。

昔と違って，今はデジタル化が急速に進む時代です。年
賀状をスマホを使って LINE で送れるようにもなっていま
す。

デジタル化を推進しようとしている私ですが，**暑中見舞
いや年賀状はアナログが大事**だと考えています。もちろん
宛名等を PC で作成するのは大賛成です。たくさんの人に
送るなら，１枚ずつ手書きするのは大変です。

ですが，暑中見舞いや年賀状そのものはスマホでポチッ
と送信するのではなく，郵便ポストに入れて，家に届くと
いう過程を大切にしてほしいです。

やはり，スマホで受信するのと違って，**郵便で直接受け
取ると，デジタルでは感じられないぬくもりや喜びを味わ**

うことができます。

　また，私の場合は毎年，暑中見舞いや年賀状には子ども
が楽しめる工夫をしています。その工夫とは，クイズを書
いておくことです。そして，そのクイズの答えは，長期休
業明けの始業日に発表するようにしています。

　そうすることで，**子どもが家族といっしょに答えを考え
たり，クイズの答えを聞くために始業日に学校に行くのが
楽しみになったりと，いろいろなメリットが生まれます。**

　実際に私が作成した一例をのせておくので，ぜひ，ご活
用ください。

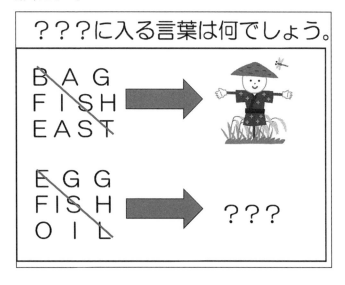

会社活動（係活動）の活性化
＝学級の充実！

　学級には，当番活動と係活動の２つが存在します。ですが，いろいろな学級を見ていると，

　「それは，係じゃなくて当番じゃない？」

と感じる場面があります。

　当番活動と係活動の違いをここで押さえておきましょう。

当番活動：学級を回すために，なくてはならない活動
係活動：なくてもよいが，あると学級が充実する活動

　もし，給食当番や掃除当番が学級に位置づけられていなければ，学級はどうなるでしょうか。誰が給食を運ぶのか，誰が掃除するのかを毎回のように話し合わなければいけなくなり，学級が円滑に回らないですよね。

　では，「お笑い当番」というのはどうでしょう。この当番がなくても学級は回りますよね。でも，お笑い係があれば，なんだかおもしろそうな学級になりそうな気がしませんか？

　これが当番活動と係活動の違いです。「掃除係」や「イラスト当番」などがありますが，意味を理解したうえで，当番と係を設置することが重要です。

もう少し係活動について述べていきます。私の学級では，係活動を会社活動というネーミングでやっています。特に深い理由はなく，会社活動というネーミングの方が子どものウケがいいからです。この**会社活動が軌道に乗れば乗るほど，学級は充実していきます。**

　下図は，私がこれまで学級担任をしたときに，子どもたちが参加した会社活動の一覧です。これらの好きな会社に子どもたちが所属し，**学級をよりよくする目的**で，活動を進めます。**それぞれの活動成果を学級に還元していき，学級の充実を図っていきましょう。**

🕐	✓	
	☐ ダンス会社	ナゾトキ会社
	☐ ゲーム会社	ランキング会社
	☐ マジック会社	漫才会社
	☐ イベント会社	ミュージック会社
	☐ 工作会社	デコレーション会社
	☐ モノマネ会社	表彰会社
	☐ ボードゲーム会社	YouTube会社
	☐ クイズ会社	ブック会社
	☐ ギネス会社	キャラクター会社
	☐ バースデー会社	良いとこ発見会社
	☐ ポスター会社	アンケート会社
	☐ マンガ会社	思い出会社
	☐ ニュース会社	占い会社

子どもたちにもっと任せよう！

　教師１年目の年，私は子どもたちについて，何から何まで手取り足取り世話をするようにしていました。

　当時の私は，

　「子どもたちが気持ちよく学習できるように教師がすべての環境を整えてあげるべきだ」

　「子どもたちのために，教師は全力で向き合わなければいけないんだ」

というマインドが当たり前だと認識していました。

　ですが，今ならハッキリといえます。**そのマインドは教師のためにも，子どものためにもなりません。**

　なぜなら，教師は子どものために，一生懸命準備しているつもりかもしれませんが，見方や考え方を変えると，**せっかくの子どもの学びや成長の機会を教師が奪っていることにもなります。**それに，教師が何から何まで準備することにより，教師が目の前の子どもの姿を見れなくなったり，超過勤務により体力が削られたりもします。

　もっと子どもたちを頼ってみましょう。子どもたちにとっても頼られるのはうれしいものです。教師も子どもを頼ることで，子どもの成長する機会を確保でき，また，子どもと向き合う時間を生み出せます。

下図は，私が子どもに「何を任せるのか？」「何は任せないのか？」を一覧にした図です。細分化すれば，もっと細かく分かれます。

　子どもに任せることが大事だと述べましたが，**実は絶対に任せてはいけないものもあります**。例えば，テストの採点は個人情報に関するものですし，食物アレルギーのある子どもへの配膳は命に関わるものです。

　子どもに成長する機会を与える，教師が子どもと向き合う時間を増やすといっても，何でもかんでも任せてはいけません。

　教師がしっかりと見極めるようにしましょう。

子どもに仕事を任せる・任せないシリーズ

ここは任せる！	これは任せない！
○宿題の答え合わせ	○テストの丸つけ
○宿題のやり直し	○テストの返却
○配布物の返却	○氏名印を押す書類作り
○簡単な学級掲示物の作成	○黒板そうじ
○掲示物の貼り付け	○健康観察のチェック
○教室の備品の整理整頓	○食物アレルギーの子への配膳
○教室の備品の補充作業	

基本的に個人の成績や健康状態に関する仕事は教師が担うように！

夏休みの間に教材研究を進めておく

　1学期を終えれば，待ちに待った夏休みです。

「どこへ旅行に行こうかな？」

「友達とバーベキューをするの楽しみだな」

などのように楽しい予定が待ち遠しいですよね。

　しかし，夏休みだからといって，教師も子どものように毎日が休暇日ということはありません。学校へ出勤する日だってもちろんあります。

　この**夏休みをどのように過ごすかで，2学期によいスタートが切れるかどうか，少しでも早く退勤できるかどうかが変わります。**

　2学期の行事の準備や自分の受け持つ校務分掌の仕事など，進めておいた方がよい仕事はたくさんあります。その中でも，今回は授業にポイントを絞って，夏休み中に準備を進めておくことを紹介します。

　夏休み中は子どもが登校しないので，気持ちにも時間にも余裕があります。だからこそ，**1学期にあまりできなかった教材研究をじっくりと行うことができます。**

　授業の流れを書き出したり，必要なワークシートを作成したりと，日頃ゆっくり取り組めなかったことを，この期間中に行い，**スキルアップ**をめざしましょう。

【夏休み中に行う教材研究とは？】

・指導書をじっくりと読み込んでみよう
（単元目標・評価規準・指導計画・指導ポイントなど）
・板書計画を作成してみよう
・必要なワークシートを作成してみよう

黒板に書き出すことで授業の
流れをイメージでき，板書の
練習にもなります。

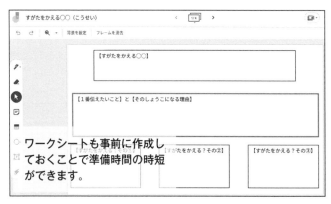

ワークシートも事前に作成し
ておくことで準備時間の時短
ができます。

子どもと子どもの考えを
つなげる授業を！

　教師歴も３年目になれば，ある程度授業をスムーズに流せるようになってきたはずです。しかし，勘違いしてはいけないのが，スムーズに授業を流せるようになっただけで，決して，もう授業に関しては問題がないというわけではないということです。

　授業は日々，修業の連続です。どれだけ教師経験を積んでも，本当にうまくいった授業なんてほとんどないというのが，私が様々な研修会で聞いた感想です。

　１年目は指導書通りに授業を進められるようになること，２年目は指導書に少しだけ自分なりにアレンジを加えることを伝えてきました。３年目は，子どもと子どもの考えをつなげる授業をめざしましょう。

　そのために，教師の授業力に必要なスキルがあります。それは，**問い返し発問スキル**です。授業では，何かしら自分の考えを表現する時間があります。

　Ａさん「私は，○○だと思いました」

　Ｂさん「ぼくは，△△だと思いました」

　Ｃさん「私は，■■だと思いました」

このような３人の発表があったとします。そして，発表者以外はお客さんのように聞いているだけ。さて，この授業で学習内容が深まるでしょうか。おそらく，授業に深まりは見られず，発表会のような授業になっているでしょう。

　３年目の授業はこのレベルから脱却していきましょう。そこで，登場するのが，問い返し発問スキルです。子どもが発表したことに対して，以下のように問い返してみましょう。

問い返し発問スキル（ベーシック）
なぜ、そう思ったの？
なぜ、〇〇さんはこのように考えたのだろう？
まとめると、どういうことかな？
〇〇さんって、何が言いたいのだと思う？
例えば、どういうことかな？
もう少し詳しく教えてくれるかな？
この考えは、めあてとどのような関係があるかな？
〇〇さんと△△さんの考えで似ているところは何かな？
〇〇さんと△△さんの考えで違うところは何かな？
これで本当に正しいといえるかな？

　この問い返し発問は，基本的な問い返しを集めています。**基本の問い返しスキルでも授業は深まっていきます。**そして，発表者だけに問い返すのではなく，考えを聞いている子にも問い返してみてください。そうすることで，お客さん状態で授業に参加していたのが，参加者として授業に加わるように変わっていきます。

学習環境を子どもに
自己選択させよう！

　突然ですが，みなさんに質問です。教材研究をするとき，みなさんが最も学びやすい方法はどちらですか？

> A：1人で黙々と教材研究をする
> B：みんなでわいわいと意見を出し合って教材研究をする

　ちなみに，私はAの方です。続いてもう1つ質問です。みなさんが集中して仕事に取り組める場所はどんな場所ですか？

> A：図書館のような静かな場所
> B：お店のような少しにぎわっている場所
> C：自宅

　この答えも，私はAです。

　ですが，私が選ばなかったA以外が不正解というわけではありませんよね。みなさんが選んだその答えこそが，自分にとっての正解なのです。

　では，これを子どもの授業に置き換えて考えてみましょ

う。子どもたちは，学習の仕方を選べていますか？　また，学習する場所も選べていますか？

「学習は必ず教室でするもの」

「学習はいつも1人で行うもの」

このような固定観念はありませんか？

どうして大人は学び方を選べて，子どもは選べないのでしょうか。**大人である教師が子どもの学ぶ環境を制限していることで，学ぶことの楽しさを，子どもが味わえていない**いかもしれません。

学ぶうえで2つの大切なキーワードがあります。それは，**「2つのヒト学び」**と**「場所選び」**です。

2つのヒト学びとは，「人（ヒト）と学ぶ」「1人（ヒトリ）で学ぶ」ということです。また，場所選びは，どこで学ぶかということです。

ぜひ，**授業の中で，子どもたちにこれらの学習環境を選択する機会を設けてみましょう。**その際，学びをより楽しく・より深めるという目的だけは忘れないように子どもたちに必ず伝えましょう。特に，学ぶ場所が教室だけではなくなるということは，子どもが教師の目の届く範囲から離れるということです。好き勝手に違う場所に行って，授業とは関係ないことをしているのは，本当の学ぶ姿とはいえません。

子どもたちを信じているということをしっかりと伝え，もっともっと学ぶことが楽しくなるような授業環境を意識してみましょう。

テストや課題は子どもの実態に応じて使い分ける

　みなさんが小学生の頃のテストは，時間がきたらみんなで一斉に同じテストを始めて，テストができたら裏返して待ち，時間になったらテストを回収するというパターンだったのではないでしょうか。

　ドリル学習に関しても，どのページまで進めるのか伝達され，終わらなければ休み時間や放課後に残って取り組むという流れが一般的だったのではないでしょうか。

　しかし，**今は学習内容や学習方法を自己選択する「個別最適化」の時代**です。前項では，学びのために学習環境を自己選択するということを述べましたが，テストや課題に関しても自己選択できるようにしていきましょう。

　具体的には，次のようなことに取り組むことができます。

・テストの内容を変更する
　（特別支援学級担任や保護者と連携）
・テストの開始及び終了時刻はそれぞれに任せる
・ドリルは自分のペースで進める
・ドリルのゴールは人それぞれ違ってもよい

　学級の子どもたちを見ていると，学習内容の理解度には

かなりバラツキがあります。1回聞くだけですぐに理解できてしまう子，数回繰り返して理解できる子，何度繰り返してもなかなか理解できない子……。そのような子たちが1つの学級という集団に属しています。集団として，組織として，そのような理由からみんなで同じテストを行っています。基本的に業者テストは，クラスの平均に合わせたレベルのものです。けれど，平均的なテストでも本当にわからない子も中にはいます。そこで，**みんな同じテストではなく，その子に応じたテストを用意する**ようにします。例えば，記述式ではなかなか取り組めないのなら，選択式を多く取り入れたテストを用意するという感じです。「取り組めた！」「できた！」という達成感を味わえるようにしていきましょう。また，子どもによっては，いつもサクサクとテスト問題を進められる子もいれば，1問1問に時間がかかる子もいます。そのような子たちには，**テスト開始時刻や終了時刻を選択**させてあげましょう。

　そして，ドリル学習に関しては，自分のペースで進められるようにします。「ドリルを勝手に進めないで！」と教師の都合で子どもたちの学習をストップしては，せっかくのレベルアップのチャンスを失います。どんどん進めて，終わったら少し難易度の高い問題を用意するなど，**個に応じた課題を用意する**ようにしましょう。

　子どもによって，ドリルに取り組む問題数が違ってもよいと思います。**大切なのは，1つの問題を一生懸命に考えることや，考えた後にできたという達成感を得ることです。**

オンラインドリルを活用しよう！

これまでのドリル学習といえば，次の流れが一般的ではないでしょうか。

学期はじめに配られるドリルを進める。

↓

ドリルが終わったら，教師が用意した学習プリントを使って，学習の定着を図る。

私も１つ目については，同様に取り組んでいます。しかし，２つ目については，一切取り組んでいません。なぜなら，次のような理由があるからです。

・学習プリントを印刷するのに時間がかかる
・プリントの丸つけで教師が身動きがとれない

学習プリントを１枚だけ印刷するならまだしも，子どもの人数が多ければ，それだけ時間を費やすことになります。しかも，プリントの種類が多岐にわたれば，その時間はみるみる増えていきます。

さらに，プリントを印刷すれば，教師が丸つけをする時

間が必要です（自分で正確に丸つけをしたり，やり直しをしたりする方法もあります）。教師が丸つけをしている時間，学習で困っている子を見れない状況になります。

　そこで，おすすめなのが，**1人1台端末を使ったオンラインドリルの活用**です。このオンラインドリルは子どもが解答を入力すれば，即座に正誤が表示されます。だから，**教師が丸つけをする必要がなく，子どもが自分で学習を進めていくことができます。**

　そして，**教師の手があくと，学習に困っている子のもとへ駆けつけることができるので一石二鳥です。**

　このオンラインドリルはネット環境さえ整っていれば，誰でも無料で使用できるので，ぜひ一度活用ください。

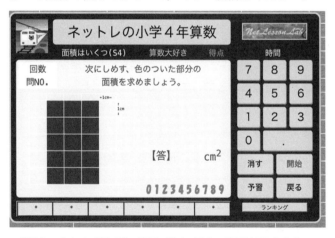

▲「新ネットレ」学年別・単元ごとに幅広い問題が用意されています

運動会の成功は通過点にすぎない

　一生懸命頑張った運動会，楽しかった運動会など，子どもたち一人ひとりの運動会の感想は異なることでしょう。

　運動会が終わった後，燃え尽きたようにモチベーションが下がってしまったり，やり尽くした反動から異常なまでにハイテンションになったりと，クラスが落ち着かなくなってしまう場合があります。

　このような状態になってしまうのは，実は運動会前に問題点があります。

　その問題点とは，「運動会を成功させること」「運動会で優勝すること」というように，子どもたちが**運動会を終えることが目標になってしまっている**ことです。

　ロールプレイングゲームを思い浮かべてみてください。最終ステージをクリアしてしまったら，その先にすることがなくなり，そのゲームに取り組む意欲やモチベーションは下がりますよね。

　実は**運動会の成功は通過点にすぎない**のです。本来の運動会の意味は，団体演技では仲間と１つの演技を創り上げる喜びを感じる，リレーでは１つのバトンをつないでチームで協力することの大切さを学ぶなど，そこで学んだことを今後の生活に生かすことのはずです。

ですから，教師と子どもで，運動会が始まる前に「運動会では何を学ぶのか」運動会を終えた後は「学んだことを今後どんな場面で生かせそうか」共有することが大切です。

＜運動会前＞

運動会はみんなを
より成長させてくれる
大切な行事です。

フラッグでは、
みんなで動きを揃える
ことを学べます。

みんなで動きが揃ったら
ステキだろうなあ。

＜運動会後＞

運動会を通して
みんなは心を1つに揃える
大切さを学びましたね！
どんな時に活かせそう
ですか？

合奏でもみんなの心を
1つに揃えることは
大事だから気をつけよう！

指導要録は冬休みの間に
8割終えておく

　3学期を終えた後，通知表とは別に指導要録を作成します。**指導要録は，子どもが転出するときや，中学受験で私立の学校へ進学するときに，外部への証明書として必要に**なります。

　だから，必ず学級担任が年度内に処理しておかなければなりません。（年度をまたいでしまうと，ロックがかかって処理できない状況に陥ることもあるそうです）

　この指導要録の処理を春休みにまとめて行おうとすると，ほんのわずかしかない春休みがつぶれてしまうことになります。しかも，締め切り間近に始めようとすると，万が一，イレギュラーな事態が発生してしまった場合，指導要録の処理ができず，多くの手続きを踏む羽目になりかねません。

　そこで，**指導要録の8割を冬休みに終えておきましょう。具体的な作業は所見の作成**です。2学期までの子どもの様子をもとに，指導要録の所見を作成しておけば，ほぼ終わったも同然です。なぜなら，指導要録も通知表と同様に，所見が最も時間のかかる作業だからです。

　冬休みに所見を作成しておき，わずかな春休みを有意義に使えるようにしましょう。

【冬休みに指導要録を8割終える方法】

　スマホやPCを使い，所見を作成しておくと，年度末の指導要録作業はコピー＆貼りつけだけですみます。

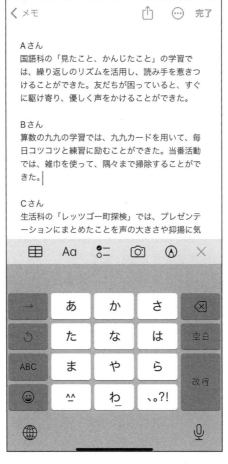

　音声入力機能を使うと，入力がよりスピーディーになります。

仕事を割り振り，
1人で抱え込まない！

　3年目になると，これまで軽減されていた校務分掌や学年で任される仕事の数が少しずつ増え始めます。経験年数を重ねるごとに増えていくのは当然ですよね。

　しかし，校務分掌や学級関係の仕事など，すべての仕事を1人の教師だけが負担すると時間がいくらあっても足りません。そんなときは，ぜひ，他の教師に協力をお願いして手伝ってもらうようにしましょう。

　ただし，**仕事をお願いする立場として，やはり謙虚な姿勢でお願いすることが大切です。頼み方を間違えると，今後の信頼度に悪影響を及ぼします。**

　みなさんは，まだまだ3年目の教師です。これから先輩教師に教えてもらうことがたくさんあります。今後の関係に亀裂をつくらないためにも，謙虚な姿勢でお願いし，仕事を引き受けてくれたことに対して，心から感謝の気持ちを伝えましょう。そうすると，今後困ったときに，再び強い味方になってくれるはずです。

　また，すべての仕事を1人で背負わないとはいえ，何でも仕事を任せてよいわけではありません。例えば，会議の案件の立案や，行事等で子どもや教職員を動かす仕事は，やはり主担当が責任をもって行うべきです。

しかし，書類の印刷や配布などの事務的な仕事は，同じ校務分掌の担当に任せるようにします。

前述したもっと子どもを頼ることと関連していますが，**何を任せて，何を任せないのかの見極めが重要**です。

無料で使える教育界最強アプリ 2選

　今，オンライン上で使える学習ツールは，革命的に増えてきています。ちなみに，私の学級で使用している学習ツールのスタメンは以下の通りです。

　・Google ドキュメント

　・Google Jamboard

　・Google Forms

　・Book Creator

　・Kahoot!

　・Quizlet

　・Flip

　そして，この中にはない，私が最も活用しているダブルエース級のアプリが2つあります。それがこちらです。

　・Padlet（パドレット）

　・Canva（キャンバ）

　この2つのアプリは，とにかく使い勝手がよく，簡単に幅広く使えるので，コスパが最強レベルです。

URLを配信するだけで，子どもたちも使えるようになります。具体的には，自分の考えを共有したり，オシャレなテンプレートの中から簡単に映えるスライドを作成できたり，動画制作ができたりと……。活用バリエーションが本当に豊富です。

　子どもたちの授業が充実するアプリであることは，まず間違いなしです。ぜひ，使用してみてください。

Padletは自分の考え（文字・写真・音声など）を共有できるアプリです。

Canvaはプレゼン資料や動画編集など，幅広い活用ができるデザインアプリです。

【著者紹介】

柴田　大翔（しばた　ひろと）

1990年大阪府生まれ。大阪府の公立小学校教諭として勤務。月120時間残業していたのをほぼ毎日定時出勤・定時退勤のワークスタイルに激変させた経験から，最低限のコストで最大級のパフォーマンスを発揮する教師の働き方，ICT機器をフルに活用した最先端の授業アイデア，子ども一人ひとりを主役にした学級づくりをテーマに，VoicyやInstagramを中心とした各種SNSを通じて「ギガ先生」として毎日情報を発信している。現在のSNSの総フォロワー数2万人超え。

単著に『今日から残業がなくなる！ギガ先生の定時で帰る50の方法』（学陽書房）がある。

小学校　新卒からの3年間を華麗に乗り切る仕事術

2024年3月初版第1刷刊	©著　者	柴	田	大	翔
	発行者	藤	原	光	政
	発行所	明治図書出版株式会社			

http://www.meijitosho.co.jp

（企画）茅野　現　（校正）嵯峨裕子

〒114-0023　東京都北区滝野川7-46-1
振替00160-5-151318　電話03（5907）6702
ご注文窓口　電話03（5907）6668

＊検印省略　　　　　　組版所 中　　央　　美　　版

本書の無断コピーは，著作権・出版権にふれます。ご注意ください。

Printed in Japan　　　　　ISBN978-4-18-267134-0

もれなくクーポンがもらえる！読者アンケートはこちらから　→